跨文化视角下的
对外汉语教学研究

白玉寒　著

中国水利水电出版社
www.waterpub.com.cn
·北京·

内 容 提 要

本书是在搜集、整理、分析大量对外汉语教学的相关资料,并吸收国内外跨文化交际学的最新研究成果,总结以往经验,集聚多年来对外汉语教学成果撰写而成的,为多年研究成果的结晶。

本书主要内容包括:语言与文化,中西文化差异与第二语言教学,跨文化视角下的对外汉语教学理论,跨文化视角下的对外汉语语音教学、对外汉语词汇教学、对外汉语语法教学、对外汉字教学,以及跨文化视角下的对外汉语课堂教学。

本书结构清晰明确,论述科学严谨,内容丰富全面,具有较强的系统性、理论性、实用性、针对性,可供对外汉语专业学生、对外汉语教学工作者和研究者使用,也可供所有对对外汉语教学感兴趣的各类人士使用。

图书在版编目(CIP)数据

跨文化视角下的对外汉语教学研究 / 白玉寒著. --
北京 : 中国水利水电出版社,2017.4(2022.10重印)
　ISBN 978-7-5170-5306-4

　Ⅰ.①跨… Ⅱ.①白… Ⅲ.①汉语-对外汉语教学-
教学研究 Ⅳ.①H195.3

中国版本图书馆CIP数据核字(2017)第074646号

书　　名	跨文化视角下的对外汉语教学研究　KUA WENHUA SHIJIAO XIA DE DUIWAI HANYU JIAOXUE YANJIU	
作　　者	白玉寒　著	
出版发行	中国水利水电出版社	
	(北京市海淀区玉渊潭南路 1 号 D 座 100038)	
	网址:www. waterpub. com. cn	
	E-mail:sales@ waterpub. com. cn	
	电话:(010)68367658(营销中心)	
经　　售	北京科水图书销售中心(零售)	
	电话:(010)88383994、63202643、68545874	
	全国各地新华书店和相关出版物销售网点	
排　　版	北京亚吉飞数码科技有限公司	
印　　刷	三河市人民印务有限公司	
规　　格	170mm×240mm　16 开本　15.5 印张　201 千字	
版　　次	2017年5月第1版　2022年10月第2次印刷	
印　　数	2001—3001册	
定　　价	46.50 元	

凡购买我社图书,如有缺页、倒页、脱页的,本社营销中心负责调换

前　言

改革开放以来,我国经济迅猛发展,伴随世界全球化进程加快,中国也发生了翻天覆地的变化,综合实力不断上升。在这样的背景之下,从世界各地来华访问和旅游的外国人越来越多,同时也有越来越多的人出国留学、旅游、从事商务活动等。这就使得生活在不同文化地区的人们之间的交流越来越频繁,跨文化交际的舞台绽放出了前所未有的光彩。汉语的国际地位毫无疑问得到了极大提升,学习汉语的外国人数持续增长。为此,我国不少高等院校专门开设了对外汉语教学专业,以促进对外汉语教学事业的发展。经过多年的努力,如今对外汉语教学已经取得了不小的成就,不仅培养了大批复合型、外向型的汉语教师,也培养了大批具有较高汉语交际能力的外国人。

文化是具有鲜明的个性的,不同的文化之间必然有一定的差异,文化差异反映到语言上就成为语言上的差异。可见,语言与文化密不可分。在对外汉语教学中,文化因素是不能忽视的,如果能够自觉对比文化差异,从跨文化的视角来对待汉语的教与学,那么不仅能够有效地增强学生的跨文化交际意识,也能够有效地提高学生的跨文化语言交际能力。作者正是基于这一方面的思考与认识专门撰写了《跨文化视角下的对外汉语教学研究》一书,希望为研究对外汉语教学的人员提供更为广泛的思路,也希望能够为汉语教学事业的发展增砖添瓦。

本书内容共分为八章。第一章主要论述了语言与文化,包括语言与文化的关系,以及当代汉语的国际化传播;第二章探讨了中西文化差异与第二语言教学;第三章对跨文化视角下的对外汉语教学理论进行了研究,包括对外汉语教学的理论基础、性质和特点、目标与任务、前景展望;第四章至第七章分别对跨文化视角下的对外汉语语音教学、对外汉语词汇教学、对外汉语语法教学、对外汉语汉字教学进行了相关方面的研究;最后一章则对跨文化视角下的对外汉语课堂教学进行了研究,主要包括听力教学、口语教学、阅读教学和写作教学。本书内容丰富全面,结构清晰明确,论述科学严谨,具有较强的系统性、理论性、实用性、针对性,相信本书的出版会真正帮助到对外汉语专业及相关专业的教师和学生,会对对外汉语教学研究与实践的发展起到一定的指导作用。

在撰写本书的过程中,作者参考了大量有关跨文化交际及对外汉语教学方面的文献,也对不少有益的研究成果进行了借鉴与引用,在此表示衷心的感谢! 同时也非常感谢一直以来不断支持我的同行、家人、朋友。由于条件、水平所限,本书难免存在一定的疏漏与不当之处,还恳请广大读者和同行专家不吝赐教,以便日后的进一步修改与完善。

作　者

2017 年 2 月

目　录

第一章　语言与文化

　　文化是一种社会现象,而语言是一种文化现象。一般认为,语言承载着文化,因而是文化的载体,反映的是民族文化。语言的范畴制约着人们对周围世界的感知方式,语言的含义体现着特定的文化内涵,语言的使用则受到一定文化规则的制约。可见,语言与文化存在紧密联系。语言的传播也就是文化的传播。语言教学的最终目的不是向外推广本族语,而是宣传和推广本民族、本国文化。随着中国国力的增强,汉语的国际传播价值日益受到世界各国的重视。汉语国际化不仅靠语言的功利性推广,还需要文化底蕴魅力的支撑。作为第二语言的教学,对外汉语教学目标是培养学生跨文化交际的能力。对于汉语教师来说,理解语言与文化的关系,理解语言交际的跨文化交际,就显得格外重要。

第一节　语言与文化的关系

　　语言教学的目的,最终是要教会学习者怎么使用语言,也就是要是学习者获得运用所学语言的交际能力。为此,就需要多方面的探求和研究。而语言和文化的关系是人们比较重视的一个方面。很多人提出要在语言教学中不能只局限于语言工具的"部件"和"结构"的教学,而且还必须导入或融入与该语言相关的文化因素。以下就语言与文化的相互影响,语义、语用、语言交际风格与文化之间的关系具体阐述语言与文化的关系。

一、语言对文化的承载

　　语言是随着社会的产生而产生的。它作为构成社会上层建筑之一的文化,是一个民族的生活方式、传统习惯及思维方法等方面的载体。语言学习不仅需要文化理解,而且与文化理解是相辅相成的。很多外国人选择学习汉语甚至研究汉语,多是因为对中国文化感兴趣。

汉语中的文化因素比比皆是,谐音就是最突出的例证。例如,中国人视蝙蝠为吉祥物,是因为"蝠"与"福"谐音,蝙蝠形象在祈福、纳福的物品上极为多见。我国民间的爱神和合二仙,他们手持的物品除了荷花,还有五只蝙蝠,则寓意着五福临门。

语言中不仅有文化,而且重要功能之一就是承载文化,使得文化经千秋万代而得以流传。中国人普遍认同的处世观念"入世""处世"观,教育观念"有教无类"与"因材施教"由来已久,至少可以追溯到春秋时期,而今天人们仍然可以了解它们并应用于社会生活,就是因为有语言的承载。语言承载文化的方式主要有两种,一种是口耳相传,另一种是付诸文字。汉代传习经书,有今文经和古文经之分。今文经是秦汉之间博士弟子口耳相传下来的,在汉代都是用通行的隶书来写的。古文经都是用战国通行的古文字来写的。语言承载的文化,无论是口耳相传还是付诸文字,都需要首先习得语言才能了解。汉语的语序有先整体后部分、大范围先于小范围的排列规则,反映了中国人的整体思维特点。此外,汉字形体及偏旁结构里现有的两百多个部首、现代汉语语法系统里的约一百多个量词等,都反映出汉语认知世界的特点。由于语言对文化的承载作用,语言学习与文化理解之间的关系非常密切。

二、语言与文化的相互影响

语言与文化是相互影响的。语言反映文化,承载文化,而语言本身又是一种文化。反过来说,语言包括语言的使用方式在内,又都受文化的影响。实际上,文化对语言的影响要远远超过语言对文化的影响。

（一）语言对文化的影响

语言是文化的载体，但又不仅仅是载体那么简单，其实，语言还促进文化其他部分的发展。

首先，语言是文化的代码，是文化传播的媒介。人类头脑中的观念、想法通过语言得以传达，文化也就因语言而得以穿越时空，长期流传下来。人类祖先的语言，最初只不过是一个呼叫系统，而且是封闭式的，后来逐渐转变为各种象征性语言，并且是开放式的，这是自然选择的结果。语言的运用，使得人类的文化得以传播、发展。有了语言，人类各个部落之间、族群内成员之间可以互相交谈，互换信息，分享食物，并创造出复杂的工具和建筑，还可以有效解决分歧、争端。

其次，语言的产生和发展极大地促进了文化其他部分的产生和发展。例如，人类通过语言传播生产经验，并世代流传、发展。又如，人类文化行为的发生大多以语言为基础，由于语言的发展，人类的思维也得到了发展，社会生活、文学艺术等也通过语言传播、沟通而发生了改变。再如，汉语方言众多，富有地方色彩的曲艺就因方言的丰富而得以产生、发展。

在英文中，交际 communicate 一词源于拉丁语的 communicare，意思是分析、传递共同的信息。人和人之间之所以能够进行信息的交换、沟通、分享，最重要的一方面就是人们总是自觉或不自觉地一致使用共同的名称来称呼某个事物、某个活动、某个抽象概念。例如，所有讲汉语的人都把雪的颜色叫"白"，尽管无法就两个人看到雪的实际感受进行确切的比较，但人们都不约而同地把这种感受称为"白"。语言尤其是文字，是通过符号的有形形式呈现出来的，是被大家共同接受的，人们力图用这些符号来交流。人类的交际方式有多种，既有语言形式，也有非语言形式，但语言在信息交流中占有绝对优势。语言是文化的主要传播者，它能使人们分享、传递不同的大量的态度、信念，以及行为模式等。

语言可以反映一定的社会发展进程。例如，人们研究语义领域,分析颜色词或亲属词的语义,通常可以发现一定阶段的社会价值取向、社会制度的意义。实际上,语言发生的诸多变化,也多是各种不同文化相互交流、影响、适应的结果。人们主要是通过语言来进行交流的,当这种交流受到社会的发展变化影响而使得以前的词汇用法表现出很大不适应性时,如表达词汇匮乏,就需要一些新的重要的词汇来补充。这也是一种借用以适应交流的现象。比如这份美式早餐的菜单:"早餐开始时是果汁 juice 或水果 fruit,之后是谷类食品 cereal 或者玉米 bacon 和鸡蛋 eggs 以及吐司 toast、黄油 butter、果酱 jelly,饮料可能是咖啡 coffee、茶 tea 或可可茶 cocoa。"①其中,果汁 juice 或水果 fruit 也许是葡萄(grapefruit,是由两个法语单词组合成的)、甜瓜(melon,源自希腊文的法语)或者罗马甜瓜(cantaloupe,原意为意大利一个城市的名字)、桔子(orange,源自阿拉伯语)。谷类食品 cereal 原意就是罗马农业女神,玉米 bacon 源自法语,鸡蛋 eggs 源自古挪威语,吐司 toast 源自法语,黄油 butter 源自拉丁语,茶 tea 的音来自汉语,可可 cocoa 源自阿茨蒂克族语,是由墨西哥西班牙人传入的。

(二)文化对语言的影响

不同的民族以及生活在不同环境下的人,人生观、世界观、价值观都有所不同,对现实有不同的看法,这些都是因为说不同的语言,而每种语言又使现实成为一种独特的模式。语言反映了一定的社会活动、思想,而社会经济的现实又更容易改变语言和思想。也就是说,文化对语言的影响要远远强于语言对文化的影响。

语言的变异或分化,多是因为文化的作用。一些族群虽然操同一语言,但受各种因素的影响,如地理上的分离,政治的变革,战争的爆发,经济的繁荣或低迷,都有可能导致一个族群的隔离,使语言的语音、形态、语法发生微小的变化,日积月累,变化也逐

---

① [美]F. Plog & D. Bates 著,吴爱明等译. 文化演进与人类行为,沈阳:辽宁人民出版社,1988:329～330.

渐增多。最终,源于同一语言的两种方言就将会变成独立的两种语言。这也就是隔离导致语言出现分化的现象。反过来,不同族群的频繁接触,通常会导致语言上的相似,甚至融合为一种独立的语种。例如,两种互不相通的语言在长期的接触过程中会发生借词。经研究分析,人们发现大约有50％的英语通用词汇是从法语借来的。汉英之间也有借用的现象,主要是音借用。例如,前面提到的茶 tea,其音借自中国的闽南话茶的发音。茶的古汉字为"荼",发音为"tú",后改写为茶(唐代)。闽南话茶的发音和"茶"很相近。在现代,英语里也有意译借词的,如 paper tiger(纸老虎)、bean curd(豆腐)、spring roll(春卷)、special economic(经济特区)、one country with two systems(一国两制)。现代汉语有很多词汇都是借自英语的,如啤酒(beer)、咖啡(coffee)、巧克力(chocolate)、沙发(sofa)、扑克(poker)、爵士(jazz)、安琪儿(angel)、吉普车(jeep)、罗曼蒂克(romantic)、幽默(humor)、模特(model)等。现代汉语甚至有直接借用英语词汇的,如 MP3、MP4、QQ、Wi-Fi、DNA 等。

文化对语言的发展和使用起着直接的影响。例如,文化可以影响语音,我国普通话的标准语音以北京语音为基础,这主要是因为北京是首都,是政治文化中心。文化对语法也有影响,如随着近代中国打开国门后,也逐渐吸收了西方文化,汉语语法出现了欧化的倾向。文化对词汇的影响就更为明显了。随着社会生活和社会思想的变化,词汇也经常发生相应的变化。例如,随着封建社会的消亡,很多具有浓厚封建色彩的词汇,像"举人""书童""师爷"等,随着时代的结束而消亡。而随着高新科技的发展,社会又会产生很多新词汇,如"纳米技术""转基因食品""网吧""核磁共振""电子邮件""数码相机""克隆"等。

当代中国的社会生活变化剧烈,涌现出了很多新词新语。当然,很多新词新语都只是流行一时,没有持续多久,因而也不可能对文化构成冲击,也就无法成为文化的一部分。只有那些深入生活底层,经得起历史的选择和淘汰,成为民众的基本词汇的语言事实,才可能使语言深刻影响文化。例如,佛教在中国传播了近两千年,对中国文化的影响巨大,很多佛教词汇已完全融汇到汉语固有的词汇中,成为汉语的组成部分。例如,自在、见地、公案、功课、报应、解脱、投机、印证、化身、红尘等等都来自佛教。佛教词语甚至成为成语进入词汇体系,已经让后人感觉不到是佛教词语,如天花乱坠、当头棒喝、随机应变、回光返照、不可思议等。

语言与文化的关系最直接的表现是语言表达了人们对世界的看法、态度和价值取向。能够表达人们对世界的看法、态度和价值取向的多存在于各种格言、警句和俗语当中。个体主义和集体主义是两种不同的价值取向,世界各地的谚语都表达了不同文化的人们看待个人与集体的关系的态度。例如,墨西哥谚语:"在团体中当傻瓜也比一个人有智慧好。"土耳其谚语:"离开羊群的羊会被狼吃掉。"中国谚语:"三个臭皮匠,顶个诸葛亮。"美国谚语:"自助者上帝助之。"德国谚语:"只扫门前雪。"

对于语言在交际中的作用,中国、日本和美国的格言、谚语所表达的态度和价值取向是不同的。中国和日本的文化讲究"此时无声胜有声"的意境,属于高语境文化;美国文化重视直接的语言表达,属于低语境文化。例如,中国讲"君子讷于言而敏于行",日本讲"沉默是金",美国讲"吱吱作响的轮子得到润滑油"。

很多不同文化的格言和谚语表达了不同的价值取向,但有表达相似价值观的情况,说明不同文化的人们会分享一些共同的价值观。例如,汉语和英语中都有格言或谚语表达了时间观念、奋斗观念等。汉语有"一寸光阴一寸金",英语则有对应的"Time is money";汉语有"有志者事竟成",英语则有对应的"Where there is a will,there is a way"。

第二节　当代汉语的国际化传播

改革开放以来,中国文化、科技与国际文化、科技积极互动发展,中国人通过多种渠道走向世界。2011 年,党的十七届六中全会通过了《中共中央关于深化文化体制改革　推动社会主义文化大发展大繁荣若干重大问题的决定》,指出中华文化的估计影响力需进一步增强。2012 年,党的第十八次全国代表大会报告指出,要进一步推动中华文化的国际传播,鼓励中华文化走出国门,步伐要大一点。2015 年 3 月,国家发展改革委联合其他部门发布了《推动共建丝绸之路经济带和 21 世纪海上丝绸之路的愿景与行动》,将习近平总书记提出的"一带一路"战略以正式的文件呈现出来,变成具体的可操作的规划。这些都给汉语国际传播带来了发展机遇和传播路径,也带来了挑战。

一、2011—2014 年的汉语国际化传播

2011—2014 年,国家大力推动中华文化走出去,因此非常重视并大力支持汉语国际传播事业。国家领导人在一系列推动汉语国际传播的外交活动中,经常提到"孔子学院"。如今,设立孔子学院已经成为推动中外语言文化交流的标志和象征。

世界各国表现出学习汉语的需求十分强烈,并持续增长。其中,韩国、日本、泰国的表现十分突出,而欧美国家的需求增长也十分迅速。王祖嫘、吴应辉的《汉语国际传播发展报告(2011—2014)》数据显示,截至 2014 年,"全球共有 126 个国家和地区建立了 475 所孔子学院、851 个孔子课堂,累计注册学员 345 万人"[①]。各大洲设立孔子学院(课堂)的增长趋势稳定,在总量和增幅上保持绝对优势的是美洲和欧洲,其次是亚洲。美国设立孔子学院(课堂)的数量居全球首位,达到 456 所。在欧洲,英国是孔子学院和孔子课堂最多的国家,其设立的孔子学院(课堂)数量达 116 所。在亚洲,韩国是孔子学院和孔子课堂最多的国家,其拥有孔子学院 19 所。

[①] 王祖嫘,吴应辉.汉语国际传播发展报告(2011—2014).新疆师范大学学报(哲学社会科学版),2015(4).

近些年来华留学生人数持续增长。根据中国高等教育学会外国留学生教育管理分会的统计数据,2011 年来华留学生人数为 292 611 人,2012 年为 328 330 人,2013 年为 356 499 人。2014 年度,在华学习的各类外国留学人员有 337 054 人之多,共来自 203 个国家。北京地区的留学生人数达 74 342 人,居全国之首。

近年来,国务院侨务办公室极力鼓励并支持海外华人华侨发展华文教育,为此出台了多项政策、采取多种措施,举办了各种层次丰富的文化活动项目,著名的如"中国寻根之旅""中华文化大乐园""中华文化大赛""华文教育·华夏行"等,数以万计的华裔青少年参与其中。海内外有关单位还举办了各类华文师资培训,适应面广。《世界华文教育年鉴(2013)》的数据显示,"2012 年,以国务院侨办为主体的各级相关单位先后培训了外派华文教师 600 余人,在中国境内培训了华文教师或校长等近 2 000 人"①。2013 年,国务院侨办为规范华文教师的认证测评系统,还颁布实施了《华文教师证书实施方案》。华文教育研究和教材资源建设也取得了较大进展。

文化部海外文化中心也积极开展汉语教学。根据《国际商报》2015 年 2 月 6 日发表的文章《"好声音"助力中国文化"走出去"》的报道,截至 2014 年,文化部在海外设立的文化中心已经有 20 所开始正式运营,而"教学培训"是海外文化中心的三大核心职能之一。《海外中国文化中心发展规划(2012—2020)》提出,到 2020 年,我国将在海外建成 50 个文化中心,以全方位、全覆盖的之势传播和推广中文化。

由于国家的大力支持,汉语国际传播的范围更大也更深入,因此全球汉语考试参加人数持续增长,考点数量也不断增加。根据中国国家汉语办公室(简称国家汉办)的统计,截至 2014 年,各类汉语考试达 542 万人,其中,参加中国 HSK、HSKK、BT、YCT 等考试的考生人数加起来有 43 万之多。在中国,HSK 等考试作

---

① 贾益民.世界华文教育年鉴(2013).北京:社会科学文献出版社,2014:27～28.

为外国人入学、就业的汉语水平证明,近年也被韩国、日本、新加坡、澳大利亚、加拿大等国、教育机构和企业作为话语教学考核和人员选聘的标准。

为满足不同对象国不断增长的需求,一直以来,国家汉办向海外选派中方教师、志愿者的规模不断扩大。王祖嫘、吴应辉《汉语国际传播发展报告(2011—2014)》的数据显示,2011年,国家汉办向海外选派教师、志愿者的人数达6 815人,2012年达到11 000人,2014年则达到了15 500人。2011—2014年间的增长趋势如图1-1[①]所示。另外,各国也注重对本土师资的培训,其规模不断扩大。在这一方面,国内各高校也积极加强华文教师学历教育,陆续培养了一批拥有华文教育专业学士学位的师资,不断向海外华文教育输送优良的师资力量。

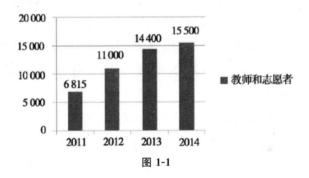

图 1-1

注:图表数据来自《国家汉办暨孔子学院总部年度报告》(2011—2013),2014年数据来自国家汉办师资处。

2011—2014年,本土开发的汉语教材、中华文化类教材,数量也在大幅度增加。在全球各大书展上,出现了大量的各种汉语文学文化类教学资源,如国家汉办组织开发的《中国好人》《孔子卡通读物》《中外文化交流故事丛书》等。此外,各类在线教学平台也纷纷上线,国际汉语教学资源形态因此多样化、立体化。

---

① 王祖嫘,吴应辉.汉语国际传播发展报告(2011—2014).新疆师范大学学报(哲学社会科学版),2015(4).

二、"一带一路"战略下的汉语国际化传播

中国古代开通了丝绸之路,曾经繁荣了欧亚大陆的商业贸易,也促进了沿线各民族、各国的宗教和文化的传播。如今,中国又再次提出了"一带一路"战略,以积极推动中国和世界经济的发展,这也为汉语的国际传播提供了现实机遇。2013 年 9 月和 10 月,国家主席习近平在出访中亚和东南亚国家期间,先后提出了共建"丝绸之路经济带"和"21 世纪海上丝绸之路"的重大倡议,即"一带一路"战略。2015 年 3 月,我国发布《推动共建丝绸之路经济带和 21 世纪海上丝绸之路的愿景与行动》报告,以文件的形式正式将"一带一路"战略提上日程。"一带一路"沿线国家产业经济合作全球化拓展使汉语国际传播有所依托,给汉语国际传播增加了新的动力,而汉语国际传播也因此有了新的内涵。汉语国际传播不再停留在文化层面上,而是有了实在的内容,即为"一带一路"服务,为中国与沿线各国的产业经济合作服务。汉语国际传播中的汉语国际教育为"一带一路"沿线国家培养高端汉语人才,从而提高企业的语言能力和竞争力,促进各国自建的产业经济合作,同时又可以推动汉语在"一带一路"的传播。

习近平主席还在"一带一路"战略提出要实现"五通":"政策沟通、设施联通、贸易畅通、资金融通、民心相通"。这"五通"为"一带一路"提出了"语言通"的需求。"一带一路"基础设施的建设为汉语国际传播到了地理、区域的限制,提供了传播渠道的便利。

当然,"一带一路"战略的提出也给汉语国际传播带来了挑战。作为汉语在海外传播的主力军,孔子学院面临如何与"一带一路"产业经济合作全球化拓展相结合,如何调整孔子学院战略布局,服务"一带一路"战略,让汉语走向世界的问题。

(一)"一带一路"产业合作格局与孔子学院的分布情况

2015 年 3 月,我国发布《推动共建丝绸之路经济带和 21 世纪

海上丝绸之路的愿景与行动》报告后,"一带一路"沿线国家都纷纷响应,目前已经有 64 个国家参与合作。2015 年 8 月,中国国际贸易研究中心发布了《"一带一路"沿线过沿线产业合作报告》。该报告指出,2014 年,我国对"一带一路"沿线 64 个国家的出口总额为 6 370 亿美元。出口国家主要集中在东南亚、东北亚区域,其中出口总额超过百亿美元的国家有 17 个;我国贸易进口总额为 4 834 亿美元,进口国家主要集中在中东、东北亚区域,其中进口总额超过百亿美元的国家有 15 个。由此表明,"一带一路"沿线国家在某种程度上反映了汉语传播的潜在需求,而目前孔子学院在这些国家的分布格局并不太合理。《孔子学院年度发展报告(2014)》的数据显示,截至 2014 年底,全球有 126 个国家建立了孔子学院(课堂),孔子学院的数量达 475 所,孔子课堂的数量达 851 个。孔子学院数量排名前 20 位的国家如表 1-1 所示。

表 1-1　　　　　孔子学院数量排名前 20 位的国家[①]

国家名称	孔子学院数量	"一带一路"国家	进出口超百亿美元国家
美国	107		
英国	25		
韩国	21		
俄罗斯	18	@	#
德国	17		
法国	16		
泰国	13	@	#
澳洲	13		
日本	13		
加拿大	12		
意大利	11		

---

① 王建勤."一带一路"与汉语传播:历史思考、现实机遇与战略规划.语言战略研究,2016(2).

续表

国家名称	孔子学院数量	"一带一路"国家	进出口超百亿美元国家
巴西	10		
印尼	6	@	♯
西班牙	6		
波兰	5	@	♯
乌克兰	5	@	
墨西哥	5		
南非	5		
菲律宾	4	@	♯
哈萨克	4	@	♯

注:"@"表示"一带一路"国家,"♯"代表进出口超百亿美元的"一带一路"国家。

从表 1-1 可以看出,在"一带一路"国家中,只有 7 个国家建立的孔子学院数量排名前 20。孔子学院资源分布与"一带一路"国家的产业格局不相匹配。

从第十届孔子学院大会新闻发布会所公布的数据来看,截至 2015 年 12 月 1 日,中国已在 134 个国家和地区建立了 500 所孔子学院、1 000 个中小学孔子课堂。目前仍有 70 多个国家 200 多所大学正在积极申办孔子学院。孔子学院(课堂)的数量上去了,但还要讲究合理分布。目前,我国孔子学院的分布还缺少战略规划,距国家"一带一路"战略布局还很远。

(二)"一带一路"背景下汉语国际传播的战略规划

《推动共建丝绸之路经济带和 21 世纪海上丝绸之路的愿景与行动》报告描绘了"一带一路"战略的路线图:一条是贯穿欧亚大陆的"丝绸之路经济带",另一条是由南向西的"海上丝绸之路"。2015 年 8 月 8 日,中国国际贸易研究中心发布了《"一带一路"沿线国家产业合作报告》,该报告将我国与"一带一路"国家开展合作的范围分为七大区域:东北亚区域、东南亚区域、独联体区域、南亚区域、中亚区域、西亚北非区域、中东欧区域,参与合作的国家有64个。上述两份报告分别提出的"两条路径"和"一个格局"(七大区域构成的总体格局)构成了"一带一路"的路线图和总体格局,也就是"一带一路"背景下制定汉语国际传播的战略规划的依据。根据《"一带一路"沿线国家产业合作报告》所提供的数据,我国对"一带一路"沿线国家的出口贸易主要集中在东北亚、东南亚、南亚,而进口贸易主要集中在中东、北非、东北亚和东南亚。另据统计,我国对"一带一路"国家进出口贸易最活跃的区域集中于上述七个区域。基于此,孔子学院应根据"一带一路"贸易的重点区域进行战略布局。

作为国家的大战略,"一带一路"提出了各种愿景和行动计划,涉及政治、经济、文化、企业、媒体各个领域,但汉语国际传播在当中的作用很少涉及。对此,北京语言大学教授李宇明曾于2015年9月22日在《人民日报》发表《"一带一路"需要语言铺路》,认为"一带一路"建设需要语言的搭桥、铺路。很显然,汉语传播在"语言铺路"中发挥着不可替代的作用。国家应从战略高度,根据"一带一路"战略,加强新时期汉语国际传播,将之放入"一带一路"愿景和行动计划中。作为国家重要的语言战略资源,孔子学院应根据"一带一路"经贸和产业合作格局进行调整,整合资源,形成以"一带一路"战略为核心的分布格局,服务"一带一路"沿线国家经贸和产业合作。同时,汉语国际传播也应与"一带一路"沿线国家经贸和产业合作相结合,借力发展,通过服务企业走出去。"一带一路"沿线国家的经贸和产业合作存在对语言人才的需求,尤其是需要复合型高端双语人才。因此,孔子学院的汉语国际教育不应局限于对普及型人才的培养,还应针对"一带一路"沿线国家的需求培养复合型高端双语人才。

在信息化时代,语言在促进科技、经济、信息、媒体等领域发展发挥了不可替代的作用。同样,"一带一路"的建设也离不开语言的推动。因此,企业,尤其是跨国企业,要参与"一带一路"的建设,就应该将语言能力作为企业重要的生产要素,将其作为企业的重要生产力,把企业员工外语培训和外籍员工汉语培训作为提高企业语言能力的重要议程。

三、当代汉语的国际化传播特点及思考

由上述汉语国际传播的状况,可归纳出当代汉语的国际化传播呈现出的特点,主要表现在以下几方面。

(1)汉语国际传播活动成为国家领导人参加公共外交活动的重要内容。过去,国家外交工作主要依赖大众传媒宣传,是单向的,公众的参与度很低。如今,随着世界范围内网络技术的普及,特别是如微博等即时信息传播和交流平台的涌现,使得互联网技术在公共外交其中发挥着不可替代的作用,于是出现了新公共外交。新公共外交即"由政府主导,由民间非政府组织和私人机构参与,以文化交流活动为主要载体的针对他国公众尤其是精英阶层的外交活动"[①]。新公共外交不再是单向传播,而是双向传播、对话,强调公众的参与。因新公共外交衍生了各类文化交流项目,其中也凸显了汉语国际传播活动的优势。从 2010 年起,中国先后同多个国家如俄罗斯、西班牙、法国等互办"语言年"活动。2010 年,俄罗斯首先开办了"汉语年"为主题的文化交流活动。从"国家年"到"语言年",中俄双方共同举办的语言文化交流活动已达数百项。2011—2012 年,法国汉语年成功举办了 208 场汉语主题活动。"语言年"的成功举办,证明了汉语国际传播活动是一项十分有效的公共外交手段。同样,在各种中外"文化年""文化节"当中,汉语国际传播活动演变着重要角色。孔子学院等汉语国际传播单位积极参加民间文化交流活动,更是有效提升了公共外交活动的效果。

(2)汉语国际传播本土化进程加快。越来越多的国家将汉语教学纳入国民教育体系,各国中小学的汉语教学增长迅速,大学中文教学层次不断提高。不少国家如英国、意大利、泰国等均建

---

① 郑华.新公共外交内涵对中国公共外交的启示.世界经济与政治,2011(4).

立了完整的汉语专业本科、硕士、博士学历教育体系。2014 年 12 月 9 日,孔子学院总部理事会主席刘延东在厦门"第九届孔子学院大会"发言称,截至 2014 年,欧盟和全球 61 个国家已经将汉语教学纳入国民教育体系。这标志着汉语国际传播开始向纵深发展。

国家重视汉语国际传播事业,对汉语国际传播人才队伍的建设,尤其是本土人才队伍的建设,也给予大力支持。近年来,国家汉办/孔子学院总部每年向海外培训、输送的教师和志愿者的人数达几千名,根据《国家汉办暨孔子学院年度报告 2013》的统计,仅 2013,孔子学院总部向海外培训的本土教师就达 5 720 名。与之相应,国内很多高校也开始招收对外汉语专业本科留学生。本土人才的培养方式也不断创新,向专业化发展,实行国内外生源培养,双线推进。首先,国家大力支持海外设立汉语师范专业的高校,而在国内则积极开展中外联合培养项目,有针对性地培养本土师资。其次,各大高校积极并成功探索出中外联合培养模式,打通海外就业渠道,鼓励、支持国内毕业生转型为海外本土师资。例如,中央民族大学就汉语国际教育硕士专业成功探索出了 1+2+X 培养模式。国家汉办还启动实施了"孔子新汉学计划",该计划对海外本土人才的培养范围没有局限于语言领域,而是扩展到了人文和社会科学领域。计划的试点大学以北京大学、复旦大学为首,已于 2013 年正式招生。另外,国家汉办也加强了国际汉语教材资源的本土化建设;支持海外本土教材开发;大力开展教材使用培训。各国也纷纷自主开发本土汉语教材资源。

(3)汉语国际传播注重同先进教育技术、文化产品结合。互联网技术、数字技术的发展,客观上也为汉语国际传播提供了技术支持,促进了汉语国际传播。国内外出现了很多以汉语教学为主题的网络平台,各国汉语教学机构也纷纷实行远程网络教学。例如,新西兰奥克兰孔子学院开发了"可视汉语学习网络系统";巴西圣保罗大学孔子学院与门户网站 Universia(该网站是由 15 个国家和地区的 1 401 所大学联合组建的)合作开展网络汉语课程。近年来,汉语国际传播也十分注重同文化产品的结合,积极开发、建设相关文化资源。国家汉办就曾组织开发并向孔子学院配送 100 部优秀的文化资源包,内含影视、戏剧、音乐、文学等资源,而且将之改编为汉语试听教材。"孔子学院数字图书馆"也提供各类文化资源,种类达 20 万种。此外,一些综艺节目(如《非诚勿扰》《我是歌手》)、中外合拍电影(如《泰囧》)的热播,也客观上促进了汉语国际传播的发展。

(4)孔子学院进入调整转型阶段。一直以来,孔子学院都是由国家汉办/孔子学院总部直接管理的,同一区域的学院彼此独立,各自为政。随着孔子学院数量的增加,原有体系结构的管理薄弱之处更加凸显,表现出了很大的不适应性。对此,在国家汉办的主导下,一些分布孔子学院较密集的地区开始成立区域中心,以根据当地特点,协调区域内各个孔子学院的教学和管理工作,加强域内孔子学院的交流与合作。这不但有利于管理和沟通,更有利于加强传播的针对性。孔子学院的调整转型还体现在传播领域的拓展上。过去,孔子学院传播多是简单的语言教学,如今扩展到文化交流、科技合作、信息咨询等方面,正试图走出民俗、手工艺等物质文化和行为文化的浅层次传播。孔子学院总部还鼓励孔子学院因地制宜,谋求特色发展,有条件的可以积极开展当代中国研究,兴办以商务、中医、文学、艺术、旅游等教学为特色的孔子学院。此外,孔子学院的资金来源渠道也将取向多元化、市场化。2013 年,党的十八届三中全会通过了《中共中央关于全面深化改革若干重大问题的决定》,其中明确"鼓励社会组织、中资机构等参与孔子学院和海外文化中心建设"。

(5)汉语国际传播研究日渐形成独立的研究领域。由于汉语国际传播得到快速的发展,很多学者也纷纷关注该领域的研究,使该领域逐渐成为一个独立的研究领域,出现了专门的研究学会。2012 年 10 月,上海同济大学联合多所大学发起成立"中国语文现代化学会汉语国际传播研究分会"。从此,汉语国际传播研究也就拥有了独立的学术组织。同时,还出现了很多汉语国际传播研究的著作,并出现了相关的专门性学术刊物和学术专栏。

目前,汉语国际传播领域的基础理论和专题性、国别性研究著作已有 14 部出版,具体如表 1-2 所示。

表 1-2 　　　　　　　　汉语国际传播领域的相关专著①

著者	书名	出版机构名称	出版时间
袁礼	基于空间布局的孔子学院发展定量研究	中央民族大学出版社	2014
邹丽冰	缅甸汉语传播体系研究		
哈嘉莹	汉语国际传播与中国国家形象的构建	对外经贸大学出版社	
吴瑛	孔子学院与中国文化的国际传播	浙江大学出版社	
叶婷婷	马来西亚高校汉语作为二语教学领域	中央民族大学出版社	2013
龙伟华	泰国汉语能力标准研究		
潘素英	泰国中小学汉语课程大纲研究		
冯忠芳	泰国中小本土汉语教师发展的历时考察与标准研究		
孙晓明	汉语国际推广背景下的词汇等级标准研究		
黄金英	基于五套汉语教材自建语料库的缅甸小学本土化汉语教材建设研究		
吴应辉	汉语国际传播研究理论与方法		
央青	国际汉语师资教育中的案例教学及案例库构建研究		
吴应辉、央青、谷陵等	北京市汉语国际推广现状与发展战略研究报告		2012
刘谦功	汉语国际教育导论	世界图书出版公司	

① 王祖嫘,吴应辉.汉语国际传播发展报告(2011—2014).新疆师范大学学报(哲学社会科学版),2015(4).

2011 年,中央民族大学国际教育学院主办的《汉语国际传播研究》是第一家以汉语国际传播领域命名的学术辑刊。

各大学的汉语国际教育博士点建设也取得了很大的进展。2008 年,中央民族大学首先设立了国内外第一个"汉语国际传播"研究方向的语言学及应用语言学二级学科博士专业;2012 年又设立了"国际汉语教学"二级学科博士点。其他高校也相继设立了相关二级学科博士点,如表 1-3 所示。

表 1-3　　　　　　　汉语国际传播相关二级学科博士点列表

所在院校	专业名称	设立时间
厦门大学	汉语国际推广	
北京语言大学	汉语国际教育	2014
北京外国语大学	汉语国际教育	
厦门大学	汉语国际教育	
四川大学	中华文化国际传播	2013
华东师范大学	国际汉语教育	2011

随着中国综合国力的增强,汉语快速向国际传播的趋势更加明朗。当然,这种传播并不是单向的,而是世界各国同中国交流的愿望和需求。汉语国际传播直接或间接地推动了中华文化的传播,因此也就成为提升国家软实力、促进公共外交的有效手段。

一种语言的传播程度,从教学的本土化程度就可以看出来。应该看到,孔子学院自建立以来,中方外派了一批又一批的教师和志愿者,但随着汉语国际传播事业的深入发展,输出型的教师和教材已经不能满足这项事业的发展需求。为进一步推动汉语国际传播,必须要大力推进本土化进程。本土化的核心是教师本土化,因为只有教师本土化的水平才能够体现汉语教学对象国主流社会接受的程度。"本土化"最核心的是"人"。通过汉语人才本土化,汉语教材、教法及其他教学资源的本土化才得以推动。因此,应该要特别重视高端汉语人才的培养和相关项目的交流。

"孔子新汉学计划"就属于高端人才项目,其培养的人才不但谙熟中国语言文化,而且更擅长本土汉语语言文化传播。

如上文所论述的,汉语国际传播已经逐渐形成一个独立的研究领域。但是,研究还比较薄弱,还不能跟上实践发展的速度,特别是取法系统的、指导性的理论研究。从中国知网上所发表的相关论文来看,关于汉语国际传播的论文多停留在经验总结的层次上,缺乏理论提升,也缺乏宏观指导意义。对此,我们应该要加强汉语国际传播的相关学科建设,提高学科地位;加强相关博士点建设;整合研究资源,建立汉语国际传播智库,使学术研究真正服务于国家战略。

第二章　中西文化差异与第二语言教学

语言是人们交际的重要手段。一般人认为,只要掌握了对方的语言就能够进行成功的交际,事实上,并不是掌握了一套语法和发音规则,加上一堆词汇,就可以用外语来交流思想,表达情感了。其中,文化在很大程度上影响了人们的交际方式。因各自的社会发展环境和历史背景的不同,东西方文化具有各自鲜明的特征。受跨文化交际学、语言国情学、语用学、社会语言学等国外语言教学流派的影响,外语教学中的文化因素逐渐受到重视。对外汉语教学作为第二语言教学,必然涉及对中西文化差异的研究。

第一节　中西文化的渊源及其影响下
形成的文化差异

在全球化的今天,无论是物质文明还是精神文明,都给人们的交流带来新奇的感受,同时也挑战着人们对巨大文化差异的耐受性。随着外语教学在全世界范围内的蓬勃发展,语言已经不是障碍,真正的障碍是人们对不同文化模式和文化传统的不理解和不接受。外语学习的最终目的是使学习者掌握地道的语言,并能结合目的语国家文化规约准确得体地使用该语言,进行跨文化交际。然而,由于文化上的差异,学习者会不自觉地将母语文化模式套用到目的语文化上,从而发生文化负迁移,阻碍了第二语言的学习。因此,要提高语言综合素质,其根本途径就是了解目的语国家人民感知世界的方式。以下就中西文化的渊源及其影响下形成的文化差异展开探讨。

一、中西文化渊源及其影响

（一）中国文化的渊源及其影响

黄河流域、长江流域、珠江流域等沿河区域是中华民族文明的发源地，中华民族的祖先长期生活在这些地方，从事农业耕作，经过漫长时期的积累和沉淀，形成了以农耕为特色的文化风俗体系。中国的农耕文化集合了各类宗教文化，最终形成了独特的中国文化。具体而言，中国文化的形成与发展主要受到中国传统的三大教派佛教、道教和儒教的影响。

1. 佛教

佛教教义的核心，是宣扬人世充满痛苦，只有信仰佛教，视世界万有和自我为"空"，才能摆脱痛苦。要解脱痛苦，必须熄灭一切欲望，达到"涅槃"的境界。佛教教义的基本内容有四圣谛；缘起和轮回说；无常、无我和涅槃。其中，四圣谛对中国人的信仰和思想影响最大。四圣谛即苦谛、集谛、灭谛、道谛。

苦谛指万物众生的生死轮回充满了痛苦与烦恼。苦难始终贯穿人的一生，包括生、老、病、死等，人活着就是受苦受难。苦的含义，主要不是专指情感上的痛苦，而是泛指精神的逼迫性，即逼迫恼忧的意思。佛教认为，一切都是变化无常的，大千世界，只不过是痛苦的汇集。由于众生不能自我主宰，为无常患累所扰，所以没有安乐性，只有痛苦性。佛教认为人生有八苦：生、老、病、死、怨憎会苦（被迫与自己讨厌的人在一起）、爱别离苦（愿意在一起却又必须分离）、求不得苦、五取蕴苦。其中，五蕴指色、受、想、行、识。五蕴与取（指一种固执的欲望、执着贪爱）联结在一起就产生种种贪欲，称为"五取蕴"。五取蕴苦被认为是一切痛苦的汇合点，是其他苦的根源。

集谛指造成众生痛苦的根源是欲望。人总是有各种欲望，受各种欲望的诱惑，而且欲望永远满足不了，因而产生痛苦，这也就是人们苦难的根源。佛教认为,众生生命从诞生的那一刻起,欲望和冲动就开始伴随。由于欲望和冲动的作用,众生在生命开始之初就是蒙昧的、无知的,因而产生种种贪欲之念,沉溺于欲望的满足而不可自拔。欲望是无穷的,永远无法满足,于是产生种种烦恼、痛苦。

灭谛指消除世间众生痛苦的途径是放弃欲望。佛教最高理想就是无痛苦的状态。灭,指人生苦难的灭寂、解脱。要脱离人生苦海,就必须从根本上摆脱生死轮回,进入涅槃境界。涅槃不仅指死亡,更指永不再轮回于生死苦海。

道谛指通向寂灭的道路,也就是实现佛教理想境界的方法和手段。人们消除欲望,最终脱离苦海,到达极乐的境界,依靠的是修行。佛教修行要做到"五戒"和"八正道"。五戒:戒杀、戒盗、戒淫、戒妄语、戒饮酒。八正道:正见(正确理解佛教道理)、正思维、正语、正业(正确的行为)、正命(正确的谋生方式)、正精进(努力向正确的目标进取)、正念(正确地忆念佛理)、正定(正确地修持禅定)。

佛教的教义教化人们相信生死轮回,因果报应;认为所有的苦难皆由欲望引起,因此教化人们抵制诱惑,要谨慎处事、感情专一等。佛教对中国文化的影响主要体现在善恶因果的道德说教和生命与宇宙之间循环协调关系的哲学思辨关系。

2. 道教

由于道教是在各地民间分散出现的,所以一开始就没有统一的组织、经典和教义,但其基本教义就是追求长生不死,肉体成仙。它认为生存是极为美好的,死亡才是痛苦与可怕的。因此,道教的最高理想是长生不死,羽化成仙。为追求长生不死,道教主要关心的是修身与养性。

道教认为天地万物都由"道"而派生,即所谓"一生二,二生三,三生万物",社会人生都应法"道"而行,最后回归自然。道教理论认为,世界万物是相互依存、相互制约、相互影响的,强调事物的变化性、规律性以及不可感知性。因此，道教主要是教化人们遵从世界万物的规律、顺其自然，知足常乐，修身养性。

道教对中国文化的影响主要是对立的思辨哲学观的形成，如中庸的处事策略，向善的人文精神等。道教理论词汇还丰富了中国语言体系，如阴与阳、善与恶、难与易、现实与虚无等。

3. 儒教

儒教以"儒家思想"为最高信仰。儒教倡导"三纲五常"，"三纲"即"君为臣纲""父为子纲""夫为妻纲"，"五常"即五种常见的处事原则（"仁""义""礼""智""信"）和五种常见的社会伦理关系（"君臣""父子""夫妇""兄弟""朋友"）。儒教学说主要体现在《论语》中。《论语》有诸多关于社会秩序和社会关系的论述，如"父母在，不远游，游必有方"，"己所不欲，勿施于人"，"入则孝，出则悌，谨而信，泛爱众，而亲仁。行有余力，则以学文"等，这些论述基本都体现了对中国社会纲常秩序、家族制度的维护。复杂而有序的社交称谓和亲属称谓体系的形成就受到儒教理论的深刻影响，如亲属称谓讲究"内外有别、辈分有分、长幼有序"，以"父系称谓"为主干，以"母系称谓"和"妻系称谓"为补充。

佛教、道教、儒教各有影响范围，各自保持着独立的形态，在不同的历史时期对中国人产生着不同的影响。不过"三教"相互间在观念和思想方式上不断地进行交流和融合，一定程度上从外在功能上的互补加深到内在思想上的融通，最终积淀和形成了独特而伟大的民族性格和民族精神："自强不息""厚德载物""天人合一""中庸之道""和而不同"。自古以来，很多名人、贤士身上都体现着"自强不息"的民族精神。诸如文王拘而演《周易》，仲尼厄而作《春秋》，屈原放逐赋《离骚》，孙子膑脚《兵法》修列，司马迁遭腐刑著《史记》。《周易·乾》曰："天行健，君子以自强不息。""自强不息"正是典出于此。"自强不息"有着丰富的内涵。孔子反复强调的"求诸己"也就是强调人要自强。所谓的"自强不息"，所谓的"求诸己"，就是要求自主、自勉、自责、自信，还有无止境。《周易·乾》卦由六个阳爻构成,乾表征天,乾的性格是刚健有为;《周易·坤》卦则由六个阴爻构成,坤则表征地;坤的性格则是柔顺宽厚。《乾》与《坤》两相对应,各从两个方面表现了自然宇宙的基本品格。古人从对《乾》的认识得出了"自强不息",而从对地道《坤》的认识中找到了提升人的德性的进路,即"厚德载物"。所谓"厚德"即"大德""高德",也就是最高尚的道德。所谓"载物"的"物",不仅是专指万物而言,而且首先是指一切人而言,是讲大地的气势厚实和顺,君子应增厚美德,容载万物。中国传统文化最突出的特点就是"整体观",提倡整体看问题。就是人同自然是一体的,或者说客观世界是一体的,主观世界是一体的,主观世界和客观世界也是一体的。这就是"天人合一"。"天人合一"思想又不仅是一种人与自然关系理论,也是一种关于人、人生理想的最高觉悟与境界。"中庸之道"以"过犹不及"为核心,要求做人处事应该适量、守度、得当,不偏不倚为宜,越位和缺位都不合适。中国人为人处世,一般不愿意走极端,并且有相关的民间谚语,以示忠告:枪打出头鸟、出头的橡子先烂……还有格言警句如"一张一弛""劳逸结合""水至清则无鱼,人至察则无徒"等等。这些谚语和格言体现了中国的一种练达知度的思维方式,即中庸之道的思维方式。"和而不同"的本质是共性与个性的和谐统一。在对待人与自然、人与人的关系上,"和而不同"始终把"和谐"作为尺度,承认多样、承认差别、承认矛盾、承认冲突乃至对抗。

在中国社会里,人们往往看重的是言论的力量,并推崇含蓄、隐讳的交流表达方式,注重权威人士的言论与看法,因此喜好引经据典,旁征博引。

(二)西方文化的渊源及其影响

西方文化中的西方,从地域上讲,一般指欧美;西方文化指的就是欧美文化。一般认为,西方文化属于科学文化,价值取向以功利为本位,强调人权,主张个人至上。西方文化的形成与发展也有其独特的渊源,主要受到希伯来文化、希腊罗马文化和基督文化的影响。

1.希伯来文化

希伯来文化源于最初住在阿拉伯半岛"以牧牛羊为业,逐水草而居"的希伯来民族。他们是闪米特人的后裔。印欧语系是九大语系中分布最广的语系,所以它涵括了诸多民族,闪米特人即是其一。约在公元前3000年,希伯来北迁到两河流域,发展了古巴比伦文化和苏美尔文化。公元前1800年左右,他们又从两河流域向北、向西迁移和发展。希伯来的"Hebrew"原意就是"从大河那边来的人"。由于希伯来民族是游牧民族,他们往往是通过感知来认识世界的,往往将实物与其功能联系在一起,讲求"实用、公正、道德"。在希伯来人看来,诸神均不是永恒的存在,只有上帝是至高的永恒的,认为上帝是一个主宰一切的全能。在希伯来民族的观念中,宗教与道德律是一致的,即神(上帝)直接颁布或启示道德诫命,并安排社会伦理秩序。希伯来人相信善有善报,恶有恶报。希伯来文化的主要载体是犹太教。犹太教乃一神论的伦理宗教,它的核心思想是要求人们在上帝面前无条件地保持绝对的谦卑。

希伯来文化对基督教的影响非常深刻,基督教的创世观就是希伯来文化中的一神观。基督教中的平等观也是来自希伯来文化中的理念。平等观是希伯来一神教的神选观和平等观的综合体。基督教中"爱"的观念也是从希伯来宗教思想发展而来。希伯来圣典中《申命记》的主要内容就是宣扬"爱",强调亚卫(耶和华)对其选民的爱,以及选民对上帝之爱的回应。希伯来的先知们把这种爱推进到人与人之间,还把神人之爱比喻成夫妻之爱和父子之爱。"救世观"源于希伯来人的"弥赛亚"观念,犹太王国沦亡后,弥赛亚就成了"复国救主"的专称。基督教中的"救赎观",追根溯源,也是来自希伯来文化中的赎罪观和救赎。根据希伯来宗教经典记载,希伯来人早就有用祭品牺牲来代人受过赎罪之说,这就是替罪羊典故之来源。

西欧封建社会的法律与希伯来法、罗马法和日耳曼法都有密切关系。而通用于欧洲各国的教会法的重要渊源是希伯来律法。

2.古希腊罗马文化

古希腊罗马文化是欧洲文化的摇篮。古希腊位于欧洲南部、地中海的东北部,面对陆海交错、山峦重叠的险恶环境,古希腊人逐渐产生了一种强烈的生存意识、开放意识、控制自如的理性精神,主要靠经商、做海盗和开辟海外殖民地来求得生存。这种生存环境培育了古希腊人追求现世、注重独立和强调个性的文化价值观念。随着希腊文明的衰落,罗马文化在继承希腊文明的基础上得以发展。古罗马人对古希腊人的征服,开启了希腊精神征服地中海的时代。古罗马人在对地中海的统治中融合进了洗礼文明的精神,把希腊精神转换成了罗马的政治统治形式,形成了罗马法的原则。古希腊文化与古罗马文化之间的关系是属于传承关系。从古罗马的史前时代到帝国时期,古希腊文化对古罗马文化都给以不同程度的深刻影响。当然,在漫长的历史时期里,古罗马文化也有新的创造。古罗马文化的最大特色就是理性或实利主义,这从它与古希腊文化的比较中可以看出:古希腊人看重人与自然的关系,古罗马人看重的则是人与人的关系;古希腊人注重的是对世界的追问,古罗马人注重的则是生活的稳定与富足;古希腊人重视的是科学理性,追求人的精神质量,古罗马人重视的则是政治制度,追求的法制建设。因此可以说。古希腊文化的贡献是在精神领域,是理论理性;古罗马文化的贡献主要是政治、法律和建筑领域里。

3.基督文化

基督教源于中东地区游牧民族以色列人的犹太教。基督教的进步之处在于它将犹太教的一种民族性宗教扩展为跨民族宗教,因而基督教也就获得了更多的信徒,如今,基督教已经成为西方社会中普遍存在的宗教形式。基督教文化是属于扩张型的,基督教徒的使命是说服或压服全体人类信奉上帝。基督教文化是一种包括其崇拜上帝和耶稣基督的宗教信仰体系,还有相关的精神价值和道德伦理观念。基督教的教义主要是"Faith"(忠经),"Creed"(信经),"Confession"(诚经)和"Love"(爱经)。这些教义主要就是教化人们相信上帝的存在,相信上帝是永恒的、万能的,要遵照上帝的旨意行事。如果做了违背上帝意志的事情,就要进行忏悔,否则就要受到上帝的惩罚。基督教还教化人们要真爱上帝,爱身边的所有人,还要爱自己。

希伯来文化、古希腊古罗马文化、基督教文化在漫长的历史时期里不断积累和沉淀,造就了具有独特价值观的西方文化,主要表现为以"自由、平等、科学"为核心的功利性价值体系。西方文化强调个人本位,因此英语中的"我"写为"I",是个永远且唯一的大写单词。在西方社会里,人们都认为人生而平等,注重个人的自由抉择、自我实现和个人发展。西方文化强调"隐私"的概念。西方国家的隐私涉及范围很大,它涵盖了诸如家庭、财产、婚恋、朋友、经历、收入等个人状况。西方人在交际中会尽量避免涉及这些话题,否则就被认为是冒犯和不尊。西方人崇尚人与自然对立的理性精神,认为人就是自然的支配对象,推崇抽象思维方式。

二、中西文化差异

由于文化渊源的不同,中西文化的差异十分突出。如果用现代哲学"对立统一"的规律来概括的话,中西文化差异的表现就是,中国人重"内",西方人崇"外"。了解中西文化差异,对实现有效的跨文化交流具有深远的现实意义。以下就自然观、价值取向、思维方式探讨中西文化的差异现象。

(一)中西自然观的差异

人生存于大自然之中,必然要与自然界发生多种多样的联系。各种文化在如何看待和处理人与自然的关系上有不同的看法。在中国文化里,人被认为是自然界长期发展的自然产物,人是自然界的组成部分,因此人要与自然和谐相处,由之形成了"天人合一"式的自然观。西方文化主要是从人与自然对立的立场来看待人与自然的关系,对人与自然关系的态度则是"主客二分"式的,把人看成是主体,把自然界看成是客体,主张通过认识自然界的客观本质和发展规律来改造、征服自然。

1.中国文化"天人合一"式的自然观

中国自古是一个农业国家,对自然的依赖性特别强,农民世代"靠天吃饭",因此天然亲近大自然,追求人与自然的和谐统一。"天人合一"观认为,人生于天地之间,是自然的一部分;自然界的客观规律同时也适用于人,制约、规范人的一言一行。人类社会的道德原则也就是自然规律的具体体现。

2.西方"主客二分"式的自然观

西方的自然观起源于古希腊。古希腊人热衷于探究宇宙的本源。"爱智"是古希腊的传统,"智者"以探求知识、传授知识为职志。西方近代机械论的自然观就是源自古希腊的自然观,近代机械论的自然观由此建立起来。机械论自然观强调人类可以利用对自然的知识来干预自然,支配自然、征服自然,最终形成了西方"主客二分"式的自然观。"主客二分"式的自然观促进了近代科学技术的迅猛发展,但对自然的无限制索取,也严重破坏了生态平衡。

(二)中西价值取向的差异

中国传统文化的价值取向是整体主义的。在中国传统社会,家、家族和群体是社会价值的主体,个人作为整体的一个分子,其价值次于家族群体。与中国相反,西方价值观念的思想基础和立足点是以个人为本位的个人主义,个人是始点、核心和目的,国家和社会的使命就是要保护个人的权利。

1.中国整体主义的价值取向

中国传统社会是一个家族社会,因此个体的需求和愿望都是次要的,强调个体的义务;对整体来说,重要的是如何保证整体的繁荣昌盛,其次才会考虑个体的利益。个人的个性、尊严和愿望在家族整体面前没有什么地位,都是微不足道的。从这种家族的、整体的利益出发,伦理道德成为中国人最重要的规范,而孝、忠等道德规范成为传统文化价值观的核心。

2.西方个人主义的价值取向

个人主义是西方价值观念的出发点,个人组成整体的目的,目的是为了维护、保证、实现个体的合理权益,整体本身的兴衰存亡在其次。整体存在的意义在于能够保护内部个体的合理权益。因此,西方文化主要从个人主义出发,突出民主、法制观念。民主保证个人平等自由权利的实现,而法制则是调节平等主体间的权利义务关系的凭借。每个个体在经济及社会生活中是平等的,法律用以公正地调节这些平等主体间的关系,保障个体权利,同时不侵害他人的合法权益。

中国传统社会以家族群体的利益为价值取向,西方社会以个人利益为价值取向,这个不同点就决定了伦理道德、民主法制在社会中的不同作用。

(三)中西思维方式的差异

要把握中西方文化精神的不同,必须对中西思维方式进行一定的体察。中国传统思维方式是注重"整体体悟",而西方则擅长"个体分析"。

1.注重"整体体悟"的中国传统思维方式

中国人习惯于用整体的思维看待世界,世界是由多个相互关联、相互影响的部分有机组成的。例如,传统的五行学说认为,世界万物是由金、木、水、火、土五种元素依据一定的原理构成的,这五种元素并不相互独立,而是相生相克,共同组成大千世界。传统的八卦学说也认为,世界万物分别与八种自然事物或现象相连,八卦之间相互联结,牵一发而动全局。

中国传统思维还讲究直觉体悟,依靠直觉和顿悟来把握事物本质,很少用或几乎不用逻辑的思维。因此,在传统里,中国人体认世界的理论,多是模糊不清的、格言式的。

2.擅长"个体分析"的西方思维方式

西方文化认为,世界是由无数同质元素组成的机械客体,只有理性的逻辑分析才能认识这个客观世界。逻辑分析思维把整个自然界划分为不同的领域和部分,然后再进行分门别类的研究。逻辑分析思维的优点在于它能够把原先隐没在整体中的重要细节找出来,透过现象抓住本质,而其不足在于它把整体分解为各个孤立、静止的个体的同时,也很容易割断了事物之间的联系。

第二节 跨文化交际中的文化适应与文化休克

跨文化交际涉及跨文化适应问题,而跨文化适应问题中的文化休克又表现突出。不同文化背景的人们在交际时,或者互相适应对方的文化,或者不适应,从而产生两种不同的结果:文化适应、文化休克。当一个人"处于一种生疏的社会文化环境中,努力在自己与新文化环境之间建立起并维持一种相对稳定的、互动的和有功效的关系"①时,这就是文化适应。而当一个人自觉或不自觉地套用自身所在社会的行为规范来判定对方行为的合理性时,由于双方的行为规范存在差异,常常产生误解、不快甚至更坏的

---

① 毕继万.跨文化交际与第二语言教学.北京:北京语言大学出版社,2009:430.

结果。这种现象可称为"文化休克"。在对外汉语教学中,汉语教师和学生面临如何适应新的文化,如何有效应对文化休克,如何提高文化适应能力等问题。以下就跨文化交际中的文化适应与文化休克现象展开探讨。

一、跨文化交际中的文化适应

"文化适应"是英语"cultural adaptation"或"cultural adjustment"的汉译,原称"跨文化适应"(cross-cultural adaptation)。跨文化适应是一个对新文化环境适应的过程,最终适应新的文化环境,学会在新文化环境中进行有效交际。以下就文化适应策略、文化适应的类型、文化适应的过程、文化适应的影响因素进行分析。

(一)文化适应策略

到一个新的文化环境中学习、工作、生活的人都会面临文化适应的问题,但是由于到新环境中居留时间和目的不同,不同的人群具有不同的文化适应模式或策略。加拿大跨文化心理学家John Berry(1990)分析了不同人群的文化适应策略,分为同化、分离、融合和边缘化。采用同化策略的人不希望保持原来的文化传统和身份,寻求与新环境中的人们多进行日常交往,试图建立新的人际关系。采用分离策略的人希望保持自己原有的文化身份、文化习惯和传统。采用融合策略的人希望保持自己的原有文化,同时也接受新的文化的一些价值观念和行为方式,他们吸收和融合了两种文化中积极的方面。采取边缘化策略的人对保持自己原有的文化传统没有兴趣,也不认同目的文化的价值观和行为方式。

Ward与Kennedy(1994)调查分析了上述四种文化适应策略与心理适应和社会适应两个方面的关系。研究结果显示,采用同化策略的人经历的社会适应中的困难最少,但会比采取融合策略的人遇到更多心理适应方面的问题;采用分离和边缘化策略的人产生的心理焦虑都比较多,而采取分离策略的人在社会适应方面遇到的困难最多,采用融合策略的人感受的心理焦虑最少。大多数汉语教师在国外工作期间采取融合或分离的适应策略,而采用同化和边缘化策略的人占少数。在中国留学的外国学生中,很多人采取融合策略。

(二)文化适应的类型

文化适应可分为以下几个类型:短期文化适应、长期文化适应、重归文化适应。短期文化适应指因学习或工作而暂时旅居另一文化环境的人对新文化环境的适应,其居留时间短到数月,长则几年。长期文化适应指长期侨居异国和移民国外者的文化适应。长期侨居异国和移民国外者在新文化环境中的语言、生活、工作和交际等方面都已无大的困难,但是他们对当地语言的深层内涵和风格仍不得要领,因而仍然难以融入当地居民群体和文化。重归文化适应即留学或侨居他国数年甚至多年后回归祖国的人,在相当一段时间内感到自己与祖国文化产生了距离感,对国内生活、工作和人际交往难以适应。

其中,短期文化适应和长期文化适应既有区别又有联系。区别在于二者的目的、达到标准不同。在目的方面,短期文化适应是因公、因事短期居留异国他乡期间的文化适应,也包括在本国对外国企业文化的适应。目的是保证其在异文化环境中任务的顺利完成,"工具性"较强。长期文化适应是一种对永久居留环境的适应,主要指移民的文化适应,其目的是要融入居住国文化,成为该文化的一员。在达到标准方面,短期文化适应不必达到文化认同,更不要求文化身份的改变,只求相互理解、友好合作、和谐共处。长期文化适应解决的是永久居留所必需的文化身份的适应和改变,其"文化适应门槛"是文化身份在由母语文化转至移民国文化过程中的界限。短期文化适应与长期文化适应的关系表现在:前者是后者的基础,也可以说前者是后者必经的起始阶段。没有短期文化适应,长期文化适应就无从谈起。但实现了短期文化适应，也只是长期文化适应的中的一小部分。

（三）文化适应的过程

文化适应过程是价值观念和文化身份调整或改变的过程，其成果大小、时间的快慢，不仅取决于两种文化之间差异的大小，更重要的是本人的态度和适应能力。早期学者就文化适应划分为几个阶段，其中最著名的是 Oberg（1960）提出的理论，他将短期旅居者的文化适应过程分为四个阶段：蜜月期、挫折期、恢复期和适应期。蜜月期是刚到一种新的环境中最初一两个星期的经历和感受。由于与新的文化的接触有限，对看到的一切都感觉新奇有趣，心情兴奋而激动，因此对新的文化的态度往往是正面的。挫折期的心情是失望、沮丧、焦虑。此时，在新的文化中待了一段时间，并对新的文化的了解逐渐增多，发现有很多规则与自己原有的文化并不同，自己预想的和实际的存在很多的差别。外语能力水平有限，给生活带来了不便，因此不愿意和当地人交流，对当地文化产生了负面的印象。恢复期里，原来觉得奇怪的事情慢慢习惯，意识到了文化差异，并开始尝试接受和理解，失望、焦虑的心情渐渐消失。适应期里，对文化差异的了解更加深入，因此态度也就更加客观、宽容，心情变得平和、愉快。

Lysgaard（1955）将文化适应过程描述为 U 曲线，如图 2-1 所示。

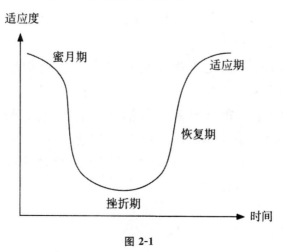

图 2-1

U曲线模式是描述跨文化适应过程的一种比较流行的理论，不过近来一些学者提出了质疑，认为这种划分是直觉性的，太过于简单，也不够科学。Ward、Bochner 与 Fumham（2001）等学者指出，人们到一个陌生地方的最初阶段会遇到最严重的文化适应问题，大多数人的感受是负面的，并没有经历所谓的"蜜月阶段"，而是从一开始就体验到了压力和挑战。

1982 年，Levine 和 Adelman 从文化的角度以一年左右侨居期为例，将文化适应过程分为五个阶段，并用"W"加以图示（图 2-2）。

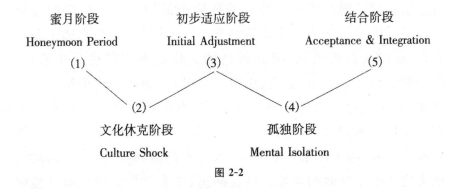

图 2-2

蜜月阶段：刚到一种新的文化环境，表现出新奇、兴奋的心情。

文化休克阶段：在一种新的文化环境中，为住房、交通、购物、语言等问题所困扰，严重者还会产生心理危机。

初步适应阶段：基本克服了日常生活困扰，逐渐可以使用第二语言表达基本意见和感觉。

孤独阶段：自己还不能像使用母语一样自如地运用第二语言，因此感到沮丧。

结合阶段：工作、生活和学习都已走上正轨，已经适应新文化的生活、习惯、风俗、饮食等，人际关系和谐。

Levine 和 Adelman 还用一"W"图形形象地描绘了重归适应过程，如图 2-3 所示。

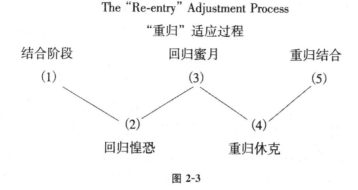

图 2-3

结合阶段：已经适应新的文化。

回归惶惑阶段：回归祖国，将离开已经长期旅居的文化，将失去已交上的朋友，心里感到惶惑、痛苦。

回归蜜月阶段：刚回到祖国，对一切感到陌生又熟悉，有亲友的欢迎，心情激动、兴奋。

重归休克阶段：亲朋好友可能难以理解、认同在国外的经历和带来的异国文化、理念、观念、价值取向。

重归结合阶段：与家庭和亲友重新熟悉，感到重又融入故国社会。

（四）文化适应的影响因素

跨文化心理学者对影响文化适应过程和结果的因素进行了研究，并由之形成多种理论，比较有代表性的是文化学习理论和焦虑处理理论。文化学习理论主要从行为的角度来看待文化适应问题，认为缺乏特定文化的知识和社会技能导致了跨文化适应的困难，强调学习跨文化知识和跨文化交际技能的重要性。因此，影响文化适应的因素有：目的文化的知识和语言、两种文化的距离、与目的文化人群交往的程度、文化身份、文化适应模式、跨文化交际培训等。焦虑处理理论主要从情感的角度来看待文化适应问题，突出个体特征与环境特征的相互作用，强调掌握处理跨文化心理焦虑策略的重要性。因此，影响文化适应的因素有：

个体性格、社会支持、性别、民族、处理文化适应问题的策略等。结合上述两种理论,这里将影响文化适应的因素归结为:期望值、目的文化的知识、个人性格特点、社交支持、文化距离。期望值影响一个人在目的文化中的思维、态度和行为。拥有比较切合实际的期望值的人会对文化适应过程中可能出现的问题做更充分的心理准备。有的学者还发现,现实好于期望值的情况会使人们对新环境生活的满意度提高。了解和掌握目的文化的知识是促进文化适应的因素之一。许多学者的研究表明,参加跨文化交际能力及知识培训对增强自信心,增加人际交往技巧,提高文化适应性、文化理解力等具有积极作用。在个人性格因素中,对模糊性的容忍程度、内在动机、灵活性、幽默感、内向与外向等性格特点都与文化适应能力有密切关系。Ward(1996)特别强调性格特点与目的文化特点契合,如性格独立的人更容易适应个体主义文化,而倾向相互依靠的人在集体主义文化中则感觉舒服。社交支持包括家人、朋友以及其他熟人的支持。没有社会网络的支撑,人们容易产生孤独感和焦虑感。许多研究表明,与当地人广泛交往是文化适应的必要条件,与目的文化中的人们交往越多,对该文化越了解和理解,对自己生活的满意度就越高。文化距离是指自身文化与目的文化之间的差异。Furnham、Bochner(1986)和Ward(1996)等人就文化距离与文化适应之间的关系进行了研究分析,他们认为,文化距离越大,个体要超越这些文化差异所需要的努力和资源就越多,所经历的生活变化也越大,心理焦虑体验更强烈。反之,文化差异小,心理焦虑体验较弱,文化适应的速度就越快。

总之,学生的第二语言习得过程永远与文化适应过程相伴。所以,要深入研究和清楚了解第二语言习得过程与文化适应过程之间的同步发展关系,探索出行之有效的第二语言教学途径。文化适应的关键期发生在第二语言学习者跨越"文化适应门槛"之时,学生面临着文化适应和语言学习双过关的关键时刻,此时要切实做好这一阶段语言教学和跨文化适应导向教育,让学生渡过文化适应难关,进入基本正常的第二文化学习时期。

二、跨文化交际中的文化休克

"文化休克"一词译自英语的"culture shock",因此也有译为"文化冲击""文化震荡"的。"culture shock"这一术语是由人类学家 Oberg 于 1955 年(另一说为 1960 年)提出的,用以描绘在巴西参加一个卫生保健项目的美国人文化适应的问题。Oberg 认为,"culture shock"是一种有其独特征兆和医治方法的病态反应。此后这一种术语成为身居异国他乡的人常用的晦涩难懂的基本术语。现在人们普遍用其描述初居异文化之中的人们在文化适应过程中所产生的心理反应。"culture shock"在西方有广义与狭义之分。从广义上看,"culture shock"几乎可以成为"文化冲突"的同义词,指身居异文化环境中的人与居住国家人们之间的各种文化冲突。从狭义上看,"culture shock"指的是初居异国他乡的人,由于脱离了母语文化而突然置身于完全陌生的文化环境中所产生的心理困境和生存困难。人们一般从狭义上去理解和解释这一术语。关于"culture shock"的定义,还有不同的表述。例如,Brown 说:"文化休克指的是一种心理现象,表现为从轻微的气恼到深度的惶恐和心理危机。"[1]Levine 和 Adelman 认为:"文化休克一说有助于解释困惑不解和不知所措的感觉。"[2]这些定义都将文化休克看成是文化适应的一大障碍,看成是严重的"文化心理病"。综合以上表述,这里认为,文化休克指的是"初处异文化环境中的人,对陌生环境产生的一种不知所措和惶恐不安的心情,并由此产生的抗拒新文化和留恋旧文化的病态心理反应"[3]。第一文化与第二文化之间,距离越大,文化休克往往越严重,差异甚

---

① Brown,H. Douglas. *Principles of language Learning and Teching*. New Jersey:Prentice Hall,Inc. 1987. p. 131.

② Levine,Deena R. & Adelman,Mara B.. *Beyond Language*. New Jersey:Prentice Hall,Inc. 1982. p. 195.

③ 毕继万.跨文化交际与第二语言教学.北京:北京语言大学出版社,2011:420.

微的文化之间文化休克反应可能表现轻微,甚至难以觉察。

西方绝大多数人认为,亚洲文化与西方文化差异最为显著,因为二者之间从身体外表、宗教信仰、哲学观点、社会态度、语言传统,直至对自己和宇宙的看法等方面都有极其悬殊的差异。而西方人与中国大陆人交往中的文化差异和文化冲突更为突出。由于教育制度、社会环境、生活环境的不同,来华学习的外国留学生对我国大学的教材内容、教育方法、规章制度、生活环境、师生关系和人际交往习俗等诸多方面都存在不同程度的不适应感,给外国留学生教学和管理工作带来不少困难。因此,在对外汉语教学工作中,应当重点解决好文化差异所造成的文化休克问题。

以下就文化休克的主要表现、影响及相关态度、应对策略展开分析。

(一)文化休克的主要表现

文化休克主要表现为心理上的不适,有时也有生理上的反应。根据 Oberg 和 Adler 等人的描述,文化休克的表现主要有:感到孤独和无助;想念家人和朋友;烦躁和焦虑;害怕被欺骗、抢劫或伤害;过度认同自己原有的文化;回避与他人接触;身体疼痛会不适等。其中,文化休克的典型表现是不知所措、惶恐不安、抗拒。

1.不知所措

这是刚到一种新的文化环境中生活首先产生的一种普遍心理。新来者因文化差异、语言不通等而发现住房、购物、交通等方面都遇到了困难,对周围的一切都感到茫然,行动方向感很弱。与人交际中,常发现以为对的事情都是错的,过去熟悉的行为准则和交际礼节等都失效了。因此,饮食起居、学习、工作和交往都处于茫然不知所措的状态。

2.惶惑不安

惶惑不安是一种由于对新文化的惧怕和反感而产生的失望

和厌烦心理,表现出心情压抑,性情孤僻,将新环境看成一无是处,认为周围的人对自己都不友善。自己的遭遇和"不幸"似乎也被人忽视。

3.抗拒

抗拒是在遭遇文化休克危机时采取的一种无意识的自我保护心理与行动,常难以自控。实际上,这一心理主要受文化优越感的左右。抗拒心理的具体表现有三种。第一种表现是,认为与本文化不同的一切人和物都是不好的,因而采取厌恶和拒绝的态度;第二种表现是千方百计地将自己与新文化环境隔离开来,竭力寻求母语文化的支持和庇护;第三种表现是精神紧张,敏感多疑,甚至还会出现严重病态反应,个别人还可能采取一些过激的行动。

(二)文化休克的影响及相关态度

文化休克有正面和负面的影响。对此,跨文化心理学有两种不同的看法。一种是把文化休克看成一种心理问题,是跨文化交际的障碍。另一种看法是把文化休克看作是跨文化交际的必然经历,是个人成长的积极因素。

早期学者认为,文化休克是一种心理疾病,认为当一个人紧张和焦虑的时候,他的交际能力会降低,与他人的紧张关系更严重,主要处理方法就是进行心理咨询或采取心理疗法。

20世纪70年代,不少学者通过一系列研究,发现研究移民和短期旅居者的文化适应有两种方法:将跨文化交际作为难题解决的方法和将跨文化交际看成学习和进步过程的方法。Kim和Rubin将"文化休克"既不视为积极因素,也不看成是消极因素,而是将文化休克看成是文化适应过程中不可或缺的学习经验,是跨文化意识增强过程中一个有机部分。20世纪80年代以来,越来越多的跨文化交际学者从积极的角度来看待文化休克。Adler(1997)认为文化休克本质上是一种跨文化的学习、自我认识和改变。在 Brislin(2000)看来,文化休克的经历不仅不阻碍文化适应,而且还可能使文化适应过程更有效率。采取积极态度的学者们认为对文化休克的正确处理方式是做好心理准备,参加与文化适应相关的培训,增加与文化适应相关的社会技能。

总之,文化休克给个人生活和跨文化交际可能带来的积极效果包括:获得重新认识自我的新视角;更加理解不同文化的价值取向、人生观的差异;思维更加活跃、客观和开放;情感更加丰富,性格更加坚强、成熟;人际交往能力更高,适应新的文化环境的能力更加强。

(三)文化休克的应对策略

能否成功处理文化休克,主要看个人的素质和努力程度,而关键是调整自己的认识、态度和行为。Ward,Bochner 与 Furnham(2001)指出,处理文化休克的策略主要包括两种:首要策略和次要策略。首要策略是直接的行动,是以任务为本的行为。次要策略主要是认知方面而不是行为方面的,指的是改变自己对引起焦虑的情景或状态的认识和评价。首要策略和次要策略的区别在于,前者是改变环境以适应自己,后者是改变自己的认识适应环境。具体而言,文化休克的应对策略主要有以下几方面。

(1)学习目的国语言。语言是重要的交际工具,语言不通就很容易让人感到无助和沮丧,从而加重文化休克现象,阻碍文化适应的过程。掌握目的国语言可以提高人们在国外的生存能力,改善生活质量,结识新朋友,增强自信心和成就感。

(2)了解目的文化的知识。如果预先了解目的文化的特点,就会对目的文化产生合理的预期,减轻在新环境中的焦虑和失落感。

(3)参加社会文化活动。参加当地的文化实践活动,可以避免产生孤独感,亲身体验当地文化中人们的生活方式,结交志趣相投的朋友,充实自己的生活,增加生活乐趣。

(4)广交朋友,建立良好的人际关系。多接触目的文化中的人,获取目的文化信息或得到情感上的支持,减轻文化适应中的焦虑情绪。

(5)做自己感兴趣的事情。出现心理焦虑的时候,专注于个人喜欢的事情,可以转移对不愉快事情的关注,缓解焦虑。

(6)改变自己的思维。当不能改变环境时,就改变自己的想法和态度。例如,当遇到文化休克问题时,可以这样告诉自己:这一切不愉快都将很快过去;我来这里就是为了迎接挑战;很多人都跟自己一样正在经历这样的过程;我曾经遇到的情况比这糟糕得多;人会周期性地感到情绪低落,这是正常的。

第三节　跨文化交际与第二语言教学

不同的语言系统,反映不同的社会文化。不同民族的文化,会折射到语言上。因此,完全脱离文化的语言教学几乎是不可能的。不同文化背景的人进行交际,语音、词汇和衣服是表层因素,文化习俗是深层因素。以往的第二语言教学,如对外汉语教学,重视语言结构系统的学习和掌握,忽视文化的教学,因此学生学到的是干巴巴的、被抽空了文化内蕴的语言。随着改革开放的深入,中国跟外国的交往日益密切,因文化差异而引起的误解和冲突更容易产生。对外汉语教学工作者应该要将汉语教学和汉文化熏陶结合起来,提高外国留学生的跨文化交际能力。

一、跨文化交际下的第二语言教学目标

第二语言教学是一种涉及跨文化交际的教学活动,因此其重要目标就是要培养语言学习者的跨文化交际能力。20世纪70年代以来,培养交际能力一直是第二语言教学的主要目标。而在21世纪,培养跨文化交际能力则成为第二语言教学的主要目标。

人的语言行为不仅要达到语法上的正确,还要达到语用上的得体,这也就是交际能力。许多学者从教学的角度具体阐述了交

际能力的含义,其中美国的 Canale 与 Swain(1980)的交际能力模式理论影响最大。他们认为交际能力包括四个方面:语法能力、社会语言能力、话语能力、策略能力。20 世纪 90 年代以后,西方的第二语言教育学学者提出了跨文化说话人的概念,把培养跨文化交际能力当作第二语言教学的主要目标。跨文化交际能力涉及人们对于其他人的行为和价值观的看法,以及以非价值判断的态度与他人交往的技能。Byram(1997)认为跨文化交际能力包括以下要素:态度(具有好奇心和开放意识)、知识(了解自己和对方所在的文化群体的习俗、社会交往的一般程序等方面的知识)、解释和关联的技能(能够解释其他文化的文献和事件,并能够联系自己文化的文献进行解释)、发现和交往的技能、批判性的文化意识。由此可见,跨文化交际能力是一种涉及情感、认知和行为的综合能力,强调的是对文化的深刻理解和对不同文化的积极态度。在 21 世纪以全球化和多元化为特征的第二语言教学环境中,培养跨文化交际能力是更理想和更符合现实要求的教学目标。

语言与文化密不可分,文化教学是第二语言教学的重要组成部分。Seelye(1993)在《教文化:跨文化交际的策略》一书中明确提出了跨文化交际是文化教学的目标。Tomalin 与 Stempleski(1993)把 Seeye 的培养跨文化交际能力的教学目标分析为以下七个具体的目标。第一,使学生意识到人们的行为无不受到相关文化的影响。第二,使学生逐渐意识到人们的行为受到诸如年龄、性别、社会阶层和居住环境等因素的影响。第三,使学生进一步了解目的语文化的人们在通常情况下的行为。第四,使学生深入了解目的语中词与和词组的文化内涵。第五,提高学生用实例评价目的语文化,概括目的语文化的能力。第六,使学生掌握对目的语文化信息的查找、整理的技巧。第七,激发学生对目的语文化的求知欲,鼓励学生对目的语文化产生感情上的共鸣。

二、跨文化交际下的第二语言教学内容

目的语的正式文化和日常文化因素都应该体现在所有层次的外语课程设置中。Singerman(1996)从培养跨文化交际能力的目标出发,提出了第二语言文化教学的七项内容:文化语境中的交际、价值观系统、社会规范、社会制度、地理与环境、历史、文学与历史。为体现对外汉语教学中文化教学的特点,突出培养跨文化交际能力的目标,这里将对外汉语教学中文化教学的内容分为三类:语言中的文化因素、客观文化、主观文化。

(一)语言中的文化因素

语言中的文化因素分为语构文化、语义文化和语用文化,其中语义文化和语用文化是语言中文化因素教学的重点。一般而言,语言中文化因素的教学是在语言技能课堂上进行的,最能体现语言教学与文化教学相结合的特点。语言中文化因素的教学应该包括以下几点:第一,一般词汇的文化内涵和跨文化差异。一般词汇的概念意义在很多种语言中基本相同,但其象征意义、联想意义和感情色彩却又存在文化的差异,容易引起跨文化交际中的误解。第二,"文化词汇"的内涵。一些具有特定文化内涵的词语,如汉语中的"华表、中庸、面子、缘分"等,在其他语言中找不到准确对应的词语或概念,因此成为跨文化交际理解方面的难点。第三,言语行为的实现方式。例如,问候、感谢、道歉、请求、邀请等,这些内容既是语言功能教学的范畴,也是语用文化教学的内容。第四,影响语用的语境因素。第五,语言使用规则背后的文化意义或原因。

(二)客观文化

客观文化内容主要包括地理、历史、文学、艺术、政治制度、经济制度、家庭制度、风俗习惯等。客观文化一般具有明晰、系统性的特点,因此适合在语言教学中采用讲解或提示的方法或开设专

门的文化课程来处理,当然要注意挖掘文化事实背后的文化意义或观念。中国文化知识的教学应该包括:地理与环境、人口与民族、历史、政治制度、经济制度、家庭和婚姻、教育制度、传统思想及宗教、艺术、文学、风俗习惯、休闲生活。

(三)主观文化

主观文化一般包括价值观、信仰、思维方式、人际关系、社会交往、非语言行为、态度、交际风格等方面。主观文化与跨文化交际能力关系非常密切,因此应该成为第二语言教学中的文化教学的重点内容。主观文化的教学应该突出与语言交际相结合、与跨文化交际相结合的特点。主观文化可以在高年级的语言课堂上作为文化话题进行讨论,也可以开设专门的跨文化交际课程。

三、跨文化交际下的第二语言教学原则与方法

第二语言教学中的文化教学是在语言教学中实施的,因此文化教学的模式应该遵循一些必要的原则,如以学生为中心、以教师为主导,认知学习与体验学习相结合等。文化教学方法和技巧即受到教学目标和教学内容的影响,也受其自身特殊性的制约。

(一)跨文化交际下的第二语言教学原则

第二语言教学中的文化教学要遵循的原则主要有以下几个方面。

(1)以学生为中心、以教师为主导。以培养跨文化交际能力为目标的文化教学应该从以教师为中心转变为以学生为中心,把文化教学从教文化变成学文化。文化学习的内容考虑学生的需要、兴趣和知识背景,在此基础上有针对性地选择文化教学的内容,这样才能激发学生学习文化的内在动机,并增强他们对文化的理解力。另外,让学生最大程度参与到学习过程中,让学生成为文化学习的主体,把教师"讲"文化变成学生"做"文化,如讨论、演讲、案例分析、角色扮演、观察和采访等。在文化学习的过程

中,教师扮演的是文化教学的设计者、文化知识的咨询者、探讨文化意义的引导者、文化行为的训练者等角色。

(2)文化教学与语言教学相结合。第二语言教学中文化教学的最大特点是文化教学与语言教学密不可分,二者的结合可通过两种途径来实现:第一,把文化因素当作语言教学的内容,如词汇含义、成语典故、语用规则等。第二,把文化当作话题来讨论,如旅游、饮食、家庭、教育、就业等。在学习和讨论这些文化主题的过程中可以训练学生的听说读写能力,培养他们描述文化现象、概括文化特点、评价文化观念、比较文化差异的语言运用能力。

(3)课堂教学与课外文化实践相结合。文化实践能提供真实的文化体验,提供运用第二语言进行交际交往的机会,使文化实践既包括文化学习也包括语言学习,同时培养了学生文化学习能力和跨文化交际能力。但是,课堂外的文化实践还需要与课堂上的学习结合起来,对体验进行思考、概括,使得文化知识学习更加深刻、系统。

(4)教学过程中挑战与支持相结合。跨文化交际能力的学习应该在学习内容与学习过程之间达到挑战性与支持性的平衡。如果学习内容与过程挑战性太强,学生就会产生抵触心理,学无所获。而如果学习内容与过程太简单,学生又会产生无聊的感觉。因此,如果学习内容比较复杂、抽象,学习过程和方法就应该简单一些;如果内容相对简单,学习过程和方法就需要具有一定的挑战性。只有达到挑战与支持的平衡才能使学生学到知识并发展技能。挑战与支持平衡的原则可以指导教学者根据教学内容选择恰当的教学活动和方法。

(5)文化教学内容与学生的语言水平相适应。在第二语言教学的文化教学中,学生的语言水平是制约文化学习过程和结果的关键因素之一。为达到语言教学和文化教学的融合,应该使文化教学的内容和方法与教学对象的语言水平相适应。当然,文化是丰富多彩的,即使是同一文化主题也包含了不同的侧面。因此,在不同的语言阶段,文化的话题或内容可以重复出现,只是随着学生语言水平的提高,要随之提高文化内容的复杂度。教学活动要从具体简单逐步过渡到复杂多样,语言表达要体现从单句到复句再到成段语篇表达的变化。

(6)认知学习与体验学习相结合。以认知为本的文化教学模式主要采用讲授—阅读—讨论的教学模式,体验型文化学习的活动如自我评估、问卷调查、角色扮演、小组活动、案例分析等。有效而成功的跨文化交际培训需要融合认知和体验两种模式。一般来说,认知学习的方法更适合客观文化内容的教学,而体验型学习的方法更适合主观文化和语言中文化因素的学习。但是,无论如何,学生参与讨论和互动都应该是必要的环节。

(7)文化的显性因素于隐性因素相结合。文化教学的内容有些是显性的,如文化产品、文化制度、文化行为等,有些是隐性的,如价值观、思维方式、交际风格等。传统的文化教学更关注的是显性部分,而忽视隐性部分。在文化教学中,如果只讲解文化现象,只介绍可见的文化行为和习俗,而缺少对于背后的文化原因的分析,学生就很容易形成刻板印象。因此,教学者应该把文化产品、文化行为、文化观念的教学结合起来。

(二)跨文化交际下的第二语言教学方法

传统的文化教学大多采用教师讲授、观看影像资料、讨论等教学方法,而以培养跨文化交际能力为目标的文化教学应使用鼓励学生积极参与的体验型学习模式。以下以提问、词语联想、角色扮演、文化比较为例说明在第二语言教学课堂上进行文化教学的一些常用方法。

(1)提问。Seelye(1993)认为文化教学可以简单概括为提问关于在特定文化中谁在什么地点、什么时间做什么、如何做、为什么做的问题。采用提问的方法,体现了以学生为中心的原则,提供学生的参与度;可以培养学生自己探索和发现文化特点的能力。提问把文化学习与语言表达训练结合起来,简单易行。文化教学的提问应该涉及文化的产品、习俗、观念和跨文化差异。

（2）词语联想。词语不仅具有概念意义，还具有内涵意义。词语联想的方法可以让学生看到词汇内涵意义在不同文化中的差别，加深对词语的理解和记忆，扩大词汇量。词语联想的教学步骤包括以下几方面：第一，把具有丰富文化内涵或者文化差异较大的词语板书在黑板上。第二，让学生尽量多地想出跟黑板上词语相关的词语。第三，教师解释该词语在目的语文化中的内涵意义，如褒贬色彩、象征意义、常用搭配等。第四，把目的语文化里人们会联想到的词语与学生们联想的词语做比较，使学生了解该词语含义的文化差异。

（3）角色扮演。使用角色扮演的方法，便于学生理解语言使用与语境之间的关系，从而提高言语行为的得体性；可以帮助学生理解语言使用规则与文化的密切关系，理解语言使用背后的文化含义；提高学生在真实环境中的交际能力。其教学步骤包括以下几方面：第一，学习相关的语言表达方式。第二，教师提供语言使用的具体情境。第三，学生分组表演。第四，各组在全班表演，教师指出在目的语文化环境中哪些是得体、礼貌的行为。第五，师生讨论在不同文化中类似情景是如何表现的。

（4）文化比较。通过文化比较可以增加学生对不同语言和文化特征的理解，提高学生的跨文化意识和文化敏感度，培养学生对于不同文化行为和观念的宽容态度。文化比较的内容范围很广，可以是词语含义的比较，语用表达和规则的比较，也可以是文化习俗和观念的比较。文化比较往往是其他文化教学活动一部分，如在角色扮演、小组任务、案例分析等活动之后都可以进行。

第三章　跨文化视角下的对外汉语教学理论

　　理论是学科的立足之本,任何一门学科的形成与发展都必须要有属于自己的学科理论作支持,对外汉语教学也不例外。对外汉语教学理论是对外汉语教学建设和实践的重要指导,而且影响着对外汉语教学实践的最终效果。在本章内容中,将站在跨文化的视角下,对对外汉语教学理论的相关内容进行详细阐述。

第一节　对外汉语教学的理论基础

　　对外汉语教学是一门综合运用多种学科理论的交叉学科,因而其理论基础具有跨学科性。也就是说,对外汉语教学的理论基础是由众多的学科理论基础构成的,其中较为重要的有以下几个。

一、哲学

　　对于对外汉语教学来说,哲学是其最为深厚的理论基础。哲学对对外汉语教学的影响,主要表现在以下几个方面。

　　第一,哲学为人们认识对外汉语的习得过程以及对外汉语教学过程的本质提供了认识论基础。比如,对外汉语从本质上来说是一种工具还是能力。

　　第二,对外汉语教学中出现的各种矛盾,需要在哲学的指导和帮助下进行有效解决。比如,在哲学的指导下,能够对对外汉语教与学的关系进行有效处理。

　　第三,哲学为对外汉语教学研究、教学实验等提供了一定的方法论指导。

二、心理学

心理学是一门侧重于对心理现象及其规律进行研究的科学，对语言教学活动（涉及语言学习者心理活动）的研究与开展、语言教学质量和效率的提高等都有着重大的影响。从这一角度来说，心理学也是对外汉语教学的重要理论基础。而心理学对对外汉语教学的影响，具体来说体现在以下几个方面。

第一，在开展对外汉语教学时，要想更科学、更富有成效地培养对外汉语学生获得语言知识、语言技能和语言交际技能，必须要借助于心理学中关于人们获得语言知识、掌握语言技能的过程与规律的相关研究成果。

第二，在开展对外汉语教学时，只有借助于心理学的相关研究成果，才能有效地把握对外汉语学生在母语习得和对外汉语习得中的不同过程及其在习得汉语时的特点，并以此为依据设计教学内容、教学计划等，使对外汉语教学更加符合客观规律，继而取得最佳的教学效果。

第三，心理学是对外汉语教学法得以产生的重要基础。比如，行为主义心理学的刺激—反应学说是对外汉语教学的听说法得以产生的心理学基础。

三、语言学

语言学教授吕必松先生曾经说过："如果没有语言学的研究成果，语言教学就寸步难行。"[①]由于对外汉语教学是语言教学的一种，因而对于对外汉语教学来说，语言学也是非常重要的一个理论基础。语言学有着众多分支学科，包括普通语言学、汉语语言学、理论语言学、功能语言学、社会语言学、结构语言学、心理语言学、应用语言学等。而它们的研究成果都对对外汉语教学起着重要的作用。在这里，着重分析一下普通语言学、汉语语言学、社

———————————

① 吕必松.汉语研究与汉语教学.世界汉语教学，1991(4).

会语言学、心理语言学和应用语言学对对外汉语教学的作用。

（一）普通语言学与对外汉语教学

普通语言学对语言的产生、语言的发展历史、语言的性质、语言的功能、语言的特点、语言的构成要素、人们运用语言的听说读写能力等进行了科学而深入的认识、分析与研究，并取得了重要的研究成果。而借助于这些研究成果，我们便能对外汉语教学的目的和一般教学规律进行科学认知与准确把握，继而确保对外汉语教学取得较高的成效。

1.普通语言学对对外汉语教学的影响

普通语言学对对外汉语教学的影响，具体来说表现在以下两个方面。

第一，普通语言学深入研究和探讨了语言的本质、语言的特点内容，而其研究成果，从某种程度上来说就是进行对外汉语教学理论和教学方法研究的重要依据和指导。

第二，普通语言学对语言事实的描写和研究，是对外汉语教学具体活动开展的重要依据。

2.对外汉语教学对普通语言学的影响

对外汉语教学的研究与实践，会对普通语言学的发展产生一定的能动作用。具体来说，对外汉语教学有自己独特的研究对象和研究方法，透过其研究成果，普通语言学能够对自己的研究领域进行有效拓展。

（二）汉语语言学与对外汉语教学

对外汉语教学与汉语语言学虽然是两个不同的分支学科，但都以汉语言为教学内容，因而两者之间有着十分密切的关系。以语法来说，汉语语法研究的相关内容能够对对外汉语教学特别是对外汉语语法教学的开展提供直接或间接的指导；而对外语教学对汉语语法研究成果需求的不断增多,会进一步推动汉语语法研究的不断深入,并进一步探讨如何针对外国人学习汉语的特点和难点更有效地开展语法教学。也就是说,对外汉语教学和汉语语言学之间存在着相互影响、相互促进的作用。

此外,对于从事对外汉语教学的教师来说,只有具有扎实的汉语语言学理论基础,才能更有效地开展对外汉语教学。

(三)社会语言学与对外汉语教学

社会语言学侧重于对语言的社会性进行研究,着重对语言和文化、职业的关系进行了揭示,研究,揭示,为交际法(即以语言功能项目为纲,培养在特定的社会语境中运用语言进行交际能力的一种教学法体系)奠定了重要基础。

在当前,交际法是影响最大的一种第二语言教学法,对外汉语教学也深受交际法的影响。从这一角度来说,社会语言学对对外汉语教学有着重要的影响。

(四)心理语言学与对外汉语教学

心理语言学对语言学和心理学进行了有机融合,其研究从整体上来看主要集中于三个方面:第一,言语的产生、理解和获得的规律;第二,人类学习、使用语言的行为和言语活动的心理过程以及两者之间的相互关系;第三,幼儿对母语的习得与学生学习外语之间的共性和特性。同时,心理语言学的相关研究成果表明,"每个人的第一语言都是在一岁半至六岁之间随着发育成长而在周围环境的作用下自然获得的,这就叫'语言习得';外语学习通常都是在正式的场合下进行,而且学习有快有慢、有成有败,存在着明显的个性差异,不像母语那样能够习得,这就叫'语言学习'"[①]。此外,学生在进行学习时,会呈现出不同的学习方法。对此,教师不必强求一致,且要注意因人施教。

---

① 陈昌来.对外汉语教学概论.上海:复旦大学出版社,2005:77.

借助于心理语言学研究的相关成果,对外汉语教学的研究者和实践者能够对外国人学习汉语的心理过程和外国人在学习汉语时存在的个性差异进行有效把握,继而更有针对性地进行对外汉语教学的研究与教学工作。

(五)应用语言学与对外汉语教学

在当前,很多学者都认为对外汉语教学是应用语言学的下位学科。应用语言学是一门年轻但充满活力的学科,主要研究将各种语言学的理论、方法和成果应用于其他同语言有关的学科,为这些学科提供研究的方向和可能解决问题的办法等。

对于对外汉语教学来说,科学运用应用语言学的相关研究成果,可以使其更好地探索适合自己的教学法。同时,对外汉语教学的研究与实践,又能推动应用语言学的不断发展。

四、教育学

有不少学者认为,"教育学跟语言教学的关系最为直接,最为密切。课堂教学的方法、技巧和手段,主要是教育学问题"[①]。由于对外汉语教学是语言教学的一个重要分支,因而教育学是对外汉语教学的理论基础中不可或缺的一个。

(一)教育学对对外汉语教学的影响

教育学对对外汉语教学有着十分重要的影响,具体来说体现在以下几个方面。

第一,教育学主要是对教育原理和教育规律(如教育目的、教育方针、教育管理等)进行研究的一个学科,而其中的重要组成部分教学论则侧重于对教学原理和教学规律(如教学方法、教学过程、教学原则、教学内容等)进行研究。对于包括对外汉语教学在内的语言教学来说,只有遵循教育规律和教学规律开展教学活

---

① 盛炎.语言教学原理.重庆:重庆出版社,1990:9.

动,才能确保教学活动获得成效。

第二,教育学的相关研究成果,对于对外汉语教学制定教学大纲、设计教学课程、编写教材、设计教学方法等具有重要的指导作用。

第三,教育学是对外汉语教学法流派产生的重要基础,即随着新教育理念的出现,对外汉语教学法流派将不断得到丰富。

第四,教育学是对外汉语教学观念和方法变革的重要依据,即随着新的教育理念、教育技术和教育方法的出现,对外汉语教学的理念和方法也会发生一定的变化。

(二)对外汉语教学对教育学的影响

对外汉语教学在汉语作为第二语言教学的教育作用和教育目的、汉语作为第二语言教学的基本原则和教学方法、汉语作为第二语言学习的学习者心理、汉语作为第二语言教学的教学过程、汉文化教学等方面取得了十分重要的研究成果。而这些研究成果,将对教育学的不断完善与发展产生极其重要的作用。

五、文化学

文化是一个有着丰富内涵的概念,而语言是文化的载体,即语言中包含着文化因素。因此,语言和文化是紧密相连。在其影响下,对外汉语教学中必然要包括一定的文化因素。此外,对外汉语教学是一种跨文化教学,对外汉语学生日后以汉语为工具从事的交际活动也是跨文化的交际活动。因此,在进行对外汉语教学时,也必须要包含与汉语有关的文化知识和文化因素。也就是说,在进行对外汉语教学时,必须要以一定的文化学理论为理论基础。

在进行对外汉语教学时,对于汉文化必须引起高度的重视。汉文化在几千年的发展历程中形成了博大精深的文化内涵,而汉语是承载汉文化的重要载体。同时,外国人只有在深入学习、理解和掌握中国文化的基础上,才能真正地掌握汉语,在不同的场合更加准确地运用汉语进行交际。

虽然说外国人是对外汉语教学的主要对象,但这些外国人并非来自相同的国家和文化圈。因此,他们之间也有一定的差异。针对这种情况,在进行对外汉语教学时,还需要对外国人的文化背景进行深入了解,明确其与中国文化的区别,并在比较中对外国人进行汉语知识和文化的教学。

第二节　对外汉语教学的性质和特点

对外汉语教学经过多年的发展,已经呈现出自己独特的性质,并形成了自己的特点。

一、对外汉语教学的性质

对外汉语教学呈现出自己独特的性质,具体如下。

(一)对外汉语教学是语言教学

教授语言即汉语是语言教学(包括对外汉语教学)最为根本的任务,而让学习者掌握汉语这一交际工具则是语言教学的主要目的。语言教学所教授的是语言运用的技能,即让学习者掌握语言这一交际工具,培养他们运用语言进行交际的能力,而不是语言学的知识和理论。但是,这并不意味着在进行语言教学时不必涉及语言知识和语言规律,而是说所涉及的语言知识和语言规律的教学要有利于学习者语言运用能力的提升。因此说,对外汉语教学是语言教学。

对于对外汉语教学的这一性质,很多对外汉语教师并没形成深入认知,从而导致在具体开展对外汉语教学时运用高校中文系讲授语言学的方法对汉语的语法知识、词汇知识等进行讲授。由于这种方式与语言教学的规律是相违背的,因而往往成效甚微。为改变这一情况,对外汉语教师必须深入理解对外汉语教学作为语言教学的性质,并注意在教学内容、教学方法等方面与语言学教学相区别。

(二)对外汉语教学是第二语言教学

对外汉语教学的这一性质,有效地区分了对外汉语教学以及汉语作为母语的语文教学之间的差异。

一般来说,母语教学在开展时,学生已经初步或基本掌握了汉语的一些基本技能,如听说读写等,并能熟练地运用所掌握的汉语知识进行母语交际。也就是说,母语教学需要在学生具备一定汉语知识和技能的基础上进行,且着重点是不断提升学生运用母语的能力,不断提高学生的道德品行、文学修养等。

与母语教学不同,对外汉语教学的学习者没有任何的汉语知识,既不能对汉语进行听说读写,也缺乏与汉语相关的社会、文化背景知识,甚至从未接触过汉语。他们要学习汉语,需要从最基础的发音、说话学起。针对这一情况,在进行对外汉语教学时,必须要充分考虑到学习者的特点,并以此为依据制定有针对性的教学方法、原则等。从这一角度来看,对外汉语教学是不同于第一语言教学的第二语言教学。

(三)对外汉语教学是汉语作为第二语言的教学

对于对外汉语教学来说,最主要的教学内容便是汉语。因此,在进行对外汉语教学时,既会受到第二语言教学普遍规律的制约,又会受到汉语自身规律以及中国文化的制约。这就决定了对外汉语教学是不同于英语、法语、俄语、日语等作为第二语言的教学。事实上,汉语与其他的语言特别是西方语言相比,在语音、语法、词汇、汉字等方面都呈现出鲜明的特色。

(四)对外汉语教学是针对外国人的第二语言教学

外国人是对外汉语教学最主要的教学对象,从这一角度来说,对外汉语教学就是针对外国人的第二语言教学。

对外汉语教学的这一性质,使得它明显不同于以汉语作为第二语言的国内少数民族汉语教学。具体来说,我国国内少数民族及其族人是在中华文化的影响下成长起来的,因而在对汉语进行学习和使用时不会面临太大的民族文化差异;而外国学生的母语文化通常与中国文化的差异是比较大的,因而其在学习、使用汉语的过程中很容易遇到一些问题或障碍。针对这种情况,在开展对外汉语教学时要想取得成效,必须要切实针对外国学生的文化特点。

二、对外汉语教学的特点

对外汉语教学的特点,具体来说有以下几个。

(一)独立性

对外汉语教学的独立性特点,主要指的是对外汉语教学是一门独立的学科。正如陆俭明所说:"对外汉语教学从 80 年代,特别是从 1992 年以来,逐渐进入蓬勃发展时期,'对外汉语教学'已逐渐作为应用语言学的一个分支成为一个独立的学科。"①而对外汉语教学的独立性特点,具体来说是通过以下几个方面表现出来的。

1.研究对象的独立性

对外汉语教学从其研究对象方面来看,具有鲜明的独立性特点。具体来说,对外汉语教学的研究对象主要有以下几个。

第一,对外汉语教学的原理、规律、现象、原则与方法等。

第二,对外汉语教学的过程。

第三,对外汉语教学的内外影响因素以及它们之间的相互作用。

---

① 陆俭明.汉语言文字应用面面观.语言文字应用,2000(2).

2.研究任务的独立性

对外汉语教学从其研究任务方面来看,也具有鲜明的独立性特点。具体来说,对外汉语教学的研究任务主要有以下几个。

第一,研究对外汉语教学的规律。

第二,研究如何将对外汉语教学的规律有效运用于教学实践之中。

第三,研究如何对对外汉语教学实践中出现的问题进行有效解决。

第四,研究如何不断提高对外汉语教学的质量与效率。

3.研究视角的独立性

对外汉语教学的研究视角,并非是单一的,而是有着鲜明的综合性特点,即需要站在语言学、教育学、心理学等多门学科的基础上进行对外汉语教学研究。

4.学科理论体系的完备性

在当前,对外汉语教学已经在相关学科理论的影响下形成了较为完整的学科理论体系。具体而言,对外汉语教学的学科理论是由两部分内容构成的:一是对外汉语教学的学科理论基础,即哲学、心理学、语言学等;二是外汉语教学的教学理论,即对外汉语教学的性质、对外汉语课堂教学的原则与方法等。

随着对外汉语教学实践的不断深入,对外汉语教学的学科理论体系也将不断丰富与完善。

5.教学任务的特殊性

对外汉语教学与其他教学相比,在教学任务方面呈现出鲜明的特殊性特点,具体如下。

第一,要对外国学生利用汉语进行语言交际的能力进行有效培养。

第二,要将对外汉语教学与文化因素进行紧密结合,以便外国学生在理解中国文化的基础上更好地运用汉语。

6.研究队伍的成熟性和研究成果的丰富性

随着对外汉语教学学科的日益成熟,对外汉语教学的科研队伍也不断壮大,且科研人员的素质有了很大提高。在其影响下,对外汉语教学的研究成果越来越丰硕,并不断在新的领域进行深入探索与研究。

(二)应用性

对外汉语教学的应用性特点,主要指的是对外汉语教学是一门应用学科。所谓应用学科,就是注重与实践进行紧密联系、对实践中遇到的问题进行直接解决的学科。应用学科并非没有自身的基础理论研究领域和理论体系,而是要将基础理论研究和理论体系运用到实践中,即注重应用。

对外汉语教学既是一门学科,也是一种语言教学活动。也就是说,对外汉语教学注重将理论与实践进行有机融合,并大力推进对外汉语教学在理论指导下的有效实践。实际上,只有将理论与实践有机融合在一起的对外汉语教学,才能更有效地进行与开展,并取得切实有效的成果。同时,对外汉语教学实践有助于对外汉语教学理论的丰富与完善。

对外汉语教学的应用性特点,要求对外汉语教学在开展教学活动时,必须要将理论与实践进行有效融合。但事实上,不少对外汉语教师存在着重实践、轻理论学习或是重理论、轻实践的倾向。但是,光有实践,没有理论指导,对外汉语教学实践可能是盲目的、随意的、不科学的;光有理论,没有教学实践的验证,无法确定这一理论是否是完善且切合实际的。因此,对外汉语教学的教师在开展对外汉语教学活动时,必须将理论和实践进行有机融合。

（三）综合性

对外汉语教学的理论基础、教学内容、教学方法、教学原则等是对多门学科进行综合的结果。也就是说，对外汉语教学具有鲜明的综合性特点。

对外汉语教学是由教和学这两个过程有机构成的，而在这一过程的运转中，必然会涉及多方面的内容，如汉语的本体、教学方法与手段、现代教育技术等；涉及多门学科，如教育学、心理学、语言学等。具体就可以知道，对外汉语教学具有综合性特点，是一门综合性的学科。

由于对外汉语教学是一门综合性学科，因而其研究和实践人员都必须要具有多方面的理论知识和较高的综合素质。

第三节 对外汉语教学的目标与任务

对外汉语教学的独特性质与特点，决定了其教学目标与任务的特殊性。

一、对外汉语教学的目标

对外汉语教学的目标是否科学、合理，将对对外汉语教学的效果产生重要影响。因此，在开展对外汉语教学前，首先需要制定科学、合理的教学目标。

（一）教学目标的内涵

1.教学目标的含义

关于教学目标的含义，很多学者和教学论著中都有一定的阐述。比如，柳夕浪认为："教学目标是教学活动的主体在教学活动中所要达到的预期效果和标准，是教学目的、要求在每一教学阶段的具体化,是教学活动的出发点和归宿。"①《现代教学方法百科全书》中认为:"教学目标是对教育者预先确定的,要求学生通过教学活动而发生的各种变化的具体描述,这种描述具有可见性和可测性,因此又称为行为目标。"②

虽然不同的学者和不同的著作对教学目标的定义有一定差异,但总体来说都包括以下几方面的内容。

第一,教学目标的实现,离不开教师与学生的共同努力。教学目标对教师来说具有指导作用,对学生来说则具有心理激励作用,且是对教师的教学效果和学生的学习效果进行检测的重要标准。

第二,教学目标的对象是学生,即通过开展教学活动使学生发生不同性质或程度的变化。

第三,教学目标对于教学活动来说,既是其出发点,也是其归宿。只有教学目标明确,教学活动才能顺利开展,并最终有效实现教学目标。

第四,教学目标是对教学活动的实际效果及其与预期效果之间的差异进行衡量的重要标准。

2.教学目标的分类

在当前,学术界关于教学目标的分类并未形成一致意见,不同的学者有着不同的观点。其中,影响较大的是布鲁姆的教学目标分类和加涅的教学目标分类。此外,我国学者在立足自身实际的基础上,也对教学目标的分类提出了一些建设性意见。

(1)布鲁姆的教学目标分类

布鲁姆认为,教学目标主要涉及三大领域,即认知领域、情感领域和技能领域,同时每一领域的教学目标又可以细分为一些小的教学目标。

对于认知领域的教学目标来说,可以细分为六个小的教学目

---

① 姜丽萍.对外汉语教学论.北京:北京语言大学出版社,2008:46.
② 姜丽萍.对外汉语教学论.北京:北京语言大学出版社,2008:46.

标:第一,识记目标,即学习者能够有效地记忆所学过的相关知识;第二,领会目标,即学习者能够借助于转换(即用自己的语言或与之前的表达方式有所差异的表达方式对自己的思想进行表达)、解释(即说明或概述某一项信息)和推断(即推理事物之间所存在的逻辑关系)等形式,对所学材料的意义进行准确把握;第三,运用目标,即学习者能够在新的情境中对所学的材料进行应用;第四,分析目标,即学习者在对学习材料的内容、结构进行理解的基础上,能够对其进行分类,并指出不同类别之间的关系及其结构方式;第五,综合目标,即学习者能够将所学的零碎知识整合为知识系统;第六,评价目标,即学习者能够对所学的材料进行价值判断。

情感即个体对外界刺激做出的心理反应,既可能是肯定的心理反应,也可能是否定的心理反映。一般来说,个体的情感会对其行为选择产生重要的影响,还与其价值观的更新、思想情操的提升以及多方面能力的提高有着一定的关系。因此,在进行教学时,必须要重视情感领域的目标。而对于情感领域的教学目标来说,又可以细分为五个小的教学目标:第一,接受目标,即学习者能感受到某种现象和刺激的存在,并愿意接受或注意这些现象和刺激;第二,反映目标,即学习者在对某种现象和刺激有所注意的同时,能够以某种方式(如默认、愿意、满意等)对其做出反应;第三,价值评价目标,即学习者"将特殊的对象、现象或行为与一定的价值标准相联系,包括价值的接受、对某一价值的偏好、信奉三个方面的内容"[①];第四,价值观念组织目标,即学习者能够对不同的价值观念进行组织与融合,并在有效调和它们之间的矛盾与冲突的基础上形成属于自己的价值观体系;第五,定型目标,即学习者通过对自己的价值观体系进行组织,使自己形成一定的品性。

对于技能领域的教学目标来说,可以细分为六个小的教学目标:第一,知觉目标,即学习者能够借助于感觉器官对客体或关系

---

① 崔永华.对外汉语教学设计导论.北京:北京语言大学出版社,2008:98.

进行察觉,并在此基础上形成对心理、躯体和情绪等进行调节的能力;第二,模仿目标,即学习者能够对教师示范动作进行模仿;第三,操作目标,即学习者能根据教学要求独自做出动作;第四,准确目标,即学习者在练习或完成复杂作业的同时,使自己的动作进行精准;第五,连贯目标,即学习者能够按照规定顺序和协调要求对自己的动作和行为进行调整;第六,习惯化目标,即学习者能够自动或自觉的行动。

(2)加涅的教学目标分类

加涅在对各派学习理论进行深入分析与系统总结的基础上,提出了教学目标的分类理论。在他看来,教学目标主要是由以下几个具体目标构成的。

第一,言语信息目标,即学习者通过学习活动能够对具体的实施进行记忆,并且在需要某一事实时能够将其陈述出来。一般来说,言语信息目标的实现要经历一个从不知到知、从知之甚少到知之甚多的过程。

第二,智力技能目标,即学习者通过学习活动能够获得使用符号与环境相互作用的能力。一般来说,智力技能目标的实现会经历一个从简单到复杂、从低级到高级的过程。

第三,认知策略目标,即学习者通过学习活动能够对自己的注意、感知、记忆和思维等进行控制与调节。

第四,动作技能目标,即学习者通过学习能够使自己的身体动作迅速、准确、有力量或有连贯性。

第五,态度目标,即学习者通过学习获得对自己的个体行为选择产生重要影响的心理状态。

3.国内学者的教学目标分类

国内学者在对国外教学目标分类研究进行继承、分析与总结的基础上,依据自身实际提出了针对国内情况的教学目标分析,具体见表3-1。

表 3-1　　　　　　　　　国内学者教学目标的分类

领域	学习水平				
认知领域	记忆	理解	简单应用	综合运用	创见
动作技能领域	模仿	对模仿动作的理解	动作组合协调	动作评价	新动作的创造
情感领域	接受	思考	兴趣	热爱	品格形成

由表 3-1 可以知道,国内学者也将教学目标分成认知、情感、技能三个领域,只不过在具体阐述与国外学者有所差异。

(1)认知领域的教学目标

国内学者对认知领域教学目标的具体阐述,主要有以下几个。

第一,记忆,即能够对所学材料进行有效记忆。

第二,理解,即能够对学习材料进行深入理解;能够对学习材料的形式进行转换;能够对学习材料进行简单判断。

第三,简单应用,即能够将所学材料运用于新的情景,并对新情景出现的一些简单问题进行有效解决。

第四,综合应用,即能够有效辨认某一综合问题的组成部分;能够对组成部分之间的关系进行分析;能够组成部分中存在的原理、法则等进行识别,并通过对其进行综合运用来有效解决问题。

第五,创见,即能够打破常规思维,提出独到见解或解题方法;能够将学习过程的材料依据自己的观点进行整合;能够自己设计方案对一些实际问题进行解答。

(2)情感领域的教学目标

国内学者对情感领域教学目标的具体阐述,主要有以下几个。

第一,接受,即能够注意到在适当的环境中存在的对象;能够在给予机会时有意地注意对象;能够对教师的演示或讲解给予集中的注意。

第二,思考,即能够根据教师的指示做出系统动作;在与对象打交道时能够积极、主动,且注意与以前的经验相关联;能够有意识地与对象打交道,并在这一过程中保持较高的兴致。

第三,兴趣,即有进行深入研究的意愿;在与对象打交道时能始终保持愉快的兴趣;希望自己的思考和动作能够继续。

第四,热爱,即能够对对象的存在和价值给予关心;能够将价值内化为自己的坚定信念;能够认识到对象的美,并使其成为自己的理想信念。

第五,品格形成,即以自己的价值观和信念为依据,对自己的品格进行内化,并在其指导下选择自己的言论与行动。

(3)技能领域的目标

国内学者对技能领域教学目标的具体阐述,主要有以下几个。

第一,模仿,即能够对教师的演示与动作进行模仿;能够将描述语言转化为实际动作。

第二,对模仿动作的理解,即能够理解装置结构原理;能够合理解释动作的作用;能够合理概括和解释动作的结果。

第三,动作组合协调,即能够协调地进行动作分解与组合;能够科学设计动作的组合计划;能够科学概括和解释实验的结果,并写出实验报告。

第四,动作评价,即能够有效估计动作的动作;能够科学设计、合理计划组合动作与设备;能够熟练地进行动作;能够对结果进行有效解释、推论及评价。

第五,新动作的创造,即能够依据新情景对动作进行设计与实现,并对动作结果进行科学解释。

(二)对外汉语教学目标的作用

对外汉语教学目标的作用是多方面的,其中较为主要的有以下几个。

1.对外汉语教学目标的导向作用

对外汉语教学目标指引着对外汉语教学活动的方向,对对外汉语教学实践有着直接的导向作用。具体来说,对外汉语教学目标的导向作用又具体表现在教师和学生两个方面。

(1)对外汉语教学目标对教师的导向作用

对外汉语教学目标对教师的导向作用,主要表现在以下几个方面。

第一,影响着教师在进行对外汉语教学时应选择什么样的内容以及如何对所选择的教学内容的教学顺序进行科学安排。

第二,影响着对外汉语教学的重点与难点。

第三,影响着对外汉语教学的方法与手段的选用。

第四,影响着对外汉语教学的教学过程设计。

(2)对外汉语教学目标对学生的导向作用

对外汉语教学目标对学生的导向作用,主要表现在以下几个方面。

第一,引导学生进行主动学习,使学生在学习时能够有效注意课堂中的重要信息,并对教学内容产生一定的预期。

第二,引导学生在学习的过程中进行自我激励、自我调控和自我评价。

第三,引导学生对自己的学习行为进行有效维持。

2.对外汉语教学目标的调控作用

对外汉语教学目标一旦确定,对外汉语教学过程就变成了对对外汉语教学目标进行逐步实现的过程。从这一角度来说,对外汉语教学目标对对外汉语教学活动过程具有重要的调控作用,即在对整个对外汉语教学活动的进程进行有效控制的同时,依据对外汉语教学目标的需要对对外汉语教学的方式与结构等进行调节与改进,从而确保教学活动能够有效促进对外汉语教学目标的实现,即最终能够获得尽可能好的教学效果。

3.对外汉语教学目标的激励作用

对外汉语教学目标的明确性以及实现对外汉语教学目标后

所能带给学生的心理需要满足,能够使学生对对外汉语教学内容产生强烈的期待心理,继而有效提高学习的积极性与主动性,全身心地投入到对外汉语的学习之中。从这一角度来说,对外汉语教学目标具有一定的激励作用。

要使对外汉语教学目标的激励作用得到有效发挥,必须要确保制定的对外汉语教学目标与学生的心理需要相符合,并使学生意识到自己通过努力就一定能达成目标。

4.对外汉语教学目标的评价作用

对外汉语教学目标为对外汉语教学评价提供了可观察、可测量的标准,也就是说依据对外汉语教学目标能够对对外汉语教学活动进行科学评价。从这一角度来说,对外汉语教学目标具有评价作用。

要使对外汉语教学目标的评价作用得到有效发挥,必须要注意以对外汉语教学目标为依据编制测验题,以便保证评价结果的科学性与准确性。

(三)对外汉语教学目标的设计

对外汉语教学的效果如何,与对外汉语教学目标设计得如何有着密切的关系。因此,科学设计对外汉语教学的目标是十分重要的。而要对对外汉语教学目标进行科学设计,必须要注意以下几个方面。

1.要保证对外汉语教学目标的系统性

在进行对外汉语教学目标设计时要保证对外汉语教学目标的系统性,就是设计的对外汉语教学目标要包括对外汉语教学的学科总目标、对外汉语教学的课程目标、对外汉语教学的学段教学目标、对外汉语教学的单元教学目标和对外汉语教学的课时教学目标(图 3-1)。

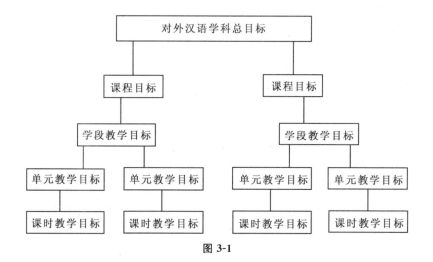

图 3-1

（1）对外汉语教学的学科总目标

对外汉语教学过程所要达到的最终结果，便是对外汉语教学的学科总目标。一般来说，对外汉语学科总目标对对外汉语教学的内容、过程等的规定是较为宏观的，且需要由国家教育主管部门组成的有关专家来进行制定。

（2）对外汉语教学的课程目标

对外汉语教学的课程目标，就是明确对外汉语学科总目标来通过哪些课程来予以实现。一般来说，国家和各级学校的课程专家是对外汉语教学的课程目标的主要制定者。

（3）对外汉语教学的学段教学目标

对外汉语教学的学段教学目标，就是明确每门课程的完成时间。因此，对外汉语教学的学段教学目标也可以成为学年教学目标或是学期教学目标。一般来说，对外汉语学院的研究人员和有关专家是对外汉语教学的学段教学目标的主要制定者。

（4）对外汉语教学的单元教学目标

对外汉语教学的单元教学目标，就是明确某一学期的教学内容需要分几个单元结构来完成。一般来说，对外汉语学院的系主任、教研室主任和优秀教师是对外汉语教学的单元教学目标的主要制定者。

（5）对外汉语教学的课时教学目标

对外汉语教学的课时教学目标，就是明确一堂课的教学内容以及预期效果等。一般来说，对外汉语教师对外汉语教学的课时教学目标的主要制定者。

2.要保证对外汉语教学目标的层级进

对外汉语教学是一种循序渐进的活动，是以学年、学期为单位加以组织与实施的，因而不能期望学习者一下子就达到教学的最终目标。因此，在进行对外汉语教学目标设计时要保证对外汉语教学目标的层级性，即设计的对外汉语教学目标具有有不同的层级，且学习通过不断的学习能有效实现这些层级。

3.要保证对外汉语教学目标的灵活性

对外汉语的学习者在学习基础和学习能力方面并未完全一致的，而是存在一定的差异。因此，在进行对外汉语教学目标设计时要注意具有一定的灵活性，即让学习者有一定的目标选择余地。

4.要保证对外汉语教学目标的可操作性

在进行对外汉语教学目标设计时，要确保其是具体的、明确的、可观察的、可测量的。只有这样，设计好的对外汉语教学目标才能在对外汉语教学实践中进行有效实施。

（四）对外汉语教学目标的编写

在设计好了对外汉语教学目标后，就需要对其进行编写了。就当前来说，常用的对外汉语教学目标编写方法主要有两个，即五要素目标表述法和 ABCD 法。

1.五要素目标表述法

这一对外汉语教学目标编写方法是由加涅提出的，在他看来,学业行为目标(即教学目标)必须要包括五个方面:一是学业行为的情境;二是习得能力的类型;三是学业行为的对象;四是运用习得能力的具体行为;五是与学业行为有关的工具、条件或限制。[①] 因此,在对学业行为目标进行编写时,必须围绕着五个方面进行。

2. ABCD 法

ABCD 法是由教育研究者马杰在 1962 年出版的《程序教学目标的编写》一书中提出的。其中,A 指的是对象(Audience),即对教学对象进行阐明;B 指的是行为(Behavior),即学习者通过学习在行为方面发生了哪些变化;C 指的是条件(Condition),即学习者表现学习行为的条件;D 指的是标准(Degree),即学习者达到合格行为的最低标准。

一般而言,透过这一方法编写的教学目标明确具体,能清楚地告诉人们学习者将获得的具体能力以及如何对这些能力进行观察与测量。

二、对外汉语教学的任务

对外汉语教学的任务,概括来说有以下几个。

(一)让外国学生学习好、掌握好汉语

让外国人学习好、掌握好汉语,可以说是对外汉语教学最为基本的一项任务。所谓"让外国人学习好、掌握好汉语",就是通过对外汉语教学活动让外国学生能较为熟练地运用汉语进行不同层次的交际和交流,具备不同目的、不同领域、不同层次的汉语听说读写能力和言语交际能力。

为有效完成对外汉语教学的这一任务,需要在教学过程中积极调动外国学生的学习积极性与主动性,同时对外汉语教师要注

---

① 崔永华.对外汉语教学设计导论.北京:北京语言大学出版社,2008:102.

意不断完善自己的理论知识、增强自己的实际教学能力,并切实根据外国学生的实际采取丰富的、灵活多样的教学方式。

(二)进行对外汉语教学研究

进行对外汉语教学研究,也是对外汉语教学的一项重要任务。对外汉语研究,主要是以对外汉语教学的性质、特点、教学过程等为依据,对对外汉语教什么、如何学、怎样教等问题进行深入的探讨。只有将这些问题探讨清楚,才能真正地教好汉语,更好地教会外国学生学会、用好汉语。

(三)进行对外汉语学科建设

对外汉语学科的建设是否科学、合理、完善、具有前瞻性,将对对外汉语学科的未来发展产生重要影响。因此,在进行教学时,需要依据实际经验不断对对外汉语学科进行建设。

在进行对外汉语学科建设时,需要从学科性质、学科任务、学科地位、学科结构体系、学科研究、学科人才培养、学科规划等方面具体展开,同时要积极开展对外汉语学科研究,把对外汉语教学学科真正建设成为一门体系完善、内涵丰富、特色明显的独立学科。

(四)扩大中国以及中国文化的影响力

进行对外汉语教学,除了要向外国学生教授汉语知识外,还需要承担起传播中国文化、展现中国社会、增进中外友谊和文化交流、培养热爱中国文化的国际友人的职责,以不断提高中国以及中国文化的影响力,为此,需要不断扩大对外汉语教学的范围,使世界范围内的汉语学习热不断升温,进而吸引越来越多的外国人学习汉语,并在学习过程中对中国加深认识与了解;及时以国际政治环境为依据,对对外汉语教学的发展战略和策略进行调整,以确保对外汉语教学在任何情况下都能发挥出积极作用;不断开拓在国外办学、在国外教授汉语的新市场,以有效提升对外汉语教学的影响力等。

第四节　对外汉语教学的前景展望

近十几年来,对外汉语教学获得了迅速发展,不论是学习人数、教学规模还是师资队伍建设、教材编写、教学模式等,都呈现出新的面貌。与此同时,对外汉语教学也存在一定的问题,"随着中国国际地位的提高和经济发展的飞速前进,外国人学习汉语的积极性也日益提高。但是我国语言学界在这方面的研究和所采取的实际措施,远远不能令人满意。在这里,我们也必须努力工作,奋发图强,以便赶上时代发展的步伐"①。也就是说,对外汉语教学研究的步伐跟不上社会需求的发展与变化。不过,从整体上来看,经过几代人的苦心孤诣、钻研经营,对外汉语教学已逐渐在世界外语教学领域占据了主流地位,并呈现出蓬勃发展、欣欣向荣的局面以及广阔的发展前景。可以说,对外汉语教学在未来是大有可为、前程万里的。具体来说,对外汉语教学的广阔发展前景主要体现在以下几个方面。

一、国家越来越重视对外汉语教学的发展

在 1987 年,国家成立了对外汉语教学领导小组,负责对全国的对外汉语教学工作进行领导、协调与管理,并制定了相关发展规划来促进对外汉语教学的进一步发展。

在 1996 年,为了更好地对全国对外汉语教学工作进行宏观规划,国家进一步调整了对外汉语教学领导小组。

到了 1998 年,新的国家对外汉语教学领导小组在新发展形势的推动下应运而生,新增了财政部、国家发展计划委员会和对外经济贸易合作部。随着国家对外汉语教学领导小组的不断完

---

① 赵金铭.对外汉语教学概论.北京:商务印书馆,2004:497.

善,针对对外汉语教学的财政投入也不断增加,从而有效推动了对外汉语教学事业的进一步发展。

在将来,处于国家领导下的对外汉语教学将会越来越受到国家的重视,并将会在国家的科学指导和调控下获得更加稳定、协调和健康的发展。

二、对外汉语教学体制不断完善

在当前,对外汉语教学包括学历教育和非学历教育两个方面。其中,针对外国留学生的对外汉语本科学历教育最早出现于1978年,经过多年的发展,这一学历教育不断完善,包括学士学位、硕士学位和博士学位这一完整的学历教育体系;对外汉语教学的非学历教育有着多种多样的类型,除了学校教育(包括汉语预备、汉语短期、汉语速成、汉语进修)为主外,对海外华侨子弟、外交人员、商务人员等的广播、刊授、函授、多媒体教学,网上中文、远程汉语教学等形式的对外汉语教学也获得了进一步发展。

可以说,当前的对外汉语教学已经形成了结构完整、门类齐全、渠道和层次多样化的对外汉语教学体制。而在当前的网络时代,利用互联网进行对外汉语教学,如建立汉语远程学院、设立与对外汉语教学相关的网络电台等更是逐渐成为对外汉语教学的重要方式。

三、对外汉语教学规模不断扩大

对外汉语教学体制的不断完善,在很大程度上促使了对外教学规模的扩大。而且在当前,随着我国经济的迅速发展以及对外交流的不断扩大,来华学习汉语的外国留学生人数将呈现出不断增长的趋势。与此同时,参与对外汉语教学的高校数量也不断增多。可以肯定地说,未来还会有更多的高校参与到对外汉语教学之中,而这对于扩大对外汉语教学规模是十分有利的。

不过,当前我国对外汉语教学的教学设施、住宿餐饮服务设施、生活娱乐服务设施等基础设施相对来说是比较落后的,因而接收外国留学生的能力受到较大限制。因此,对外汉语教学要想在未来发挥出更大的影响力,需要不断对其基础设施进行科学建设。

四、对外汉语教学理论不断完善

随着国家对对外汉语教学以及对外汉语教学研究的日益重视,对外汉语教学研究获得了进一步发展,不断有新的研究成果呈现。在其基础上,对外汉语教学理论也得以不断丰富。

在今后,对外汉语教学研究将立足实际,并不断深化,以便获得更加与实际相符合的研究成果,推动对外汉语教学实践能够进一步发展,并获得尽可能高质量的教学时间效果。

五、对外汉语教学师资队伍建设不断加强

对外汉语教学的科学、健康发展,离不开高素质的师资队伍的支持。在当前,我国已经形成了具有相当规模的对外汉语师资队伍,且在国家宏观政策的指导和推动对对外汉语师资队伍的整体素质进行了有效提升。不过,当前我国的对外汉语师资队伍建设仍存在一些问题,如对外汉语教师的知识结构不尽合理、对外汉语教师的理论水平和教学能力参差不齐、对外汉语教学的教师数量无法有效满足不断扩大的教学规模等。针对这些情况,在今后还需不断加强对外汉语的师资队伍建设,具体来说可从以下几个方面着手。

第一,对高校开设的对外汉语本科专业不断进行改善与扩充,并对其课程设置进行调整,以使其更加与实际相符合,确保培养出更多且能够更好地胜任对外汉语教学工作的对外汉语教师。

第二,要不断提高对外汉语教师的培养层次,以更好地适应对外汉语教学与科研的需要。

第三,要不断加强对外汉语教师的在职培训,以促使其知识结构不断更新和完善,更好地适应现实的对外汉语教学和科研需要。

六、对外汉语教学的教材开发有了新突破

对外汉语教学开展的好坏以及最终的成果,与所使用的对外汉语教学教材也有一定的关系。因此,在进行对外汉语教学时,必须要重视教材的开发与编写工作。

实际上,近年来对外汉语教学的教材开发与编写工作都获得了一定的成果,不仅越来越与实际相符合,而且呈现出较高的科学价值和实用价值。在今后,对外汉语教学的教材开发编写还将受到更多的重视,以尽可能确保其立足国内、面向世界,具有多样的类型与层次,能够与教学需要进行紧密结合等。

七、对外汉语教学质量越来越受到重视

为了对全国的对外汉语教学工作进行促进与优化,国家"汉办"举行了全国对外汉语教学优秀教师评选、全国对外汉语教学优秀教材评选等活动。这表明,国家越来越重视对外汉语教学的质量。

由于对外汉语教学的质量会对对外汉语教学的未来发展产生重要制约,因而在今后,对外汉语教学质量必然会受到更多的重视。

八、对外汉语教学基地和汉语中心不断建立

国家"汉办"自 2002 年起,开始重视在全国范围内建立一批能够起带头和示范作用,能够承担研发重大课题、编制教学大纲、编写教材、实施远程教学、开发对外汉语考试、培训对外汉语教师、储备对外汉语师资等任务的外汉语教学基地。如今,北京语言大学、复旦大学、北京师范大学、北京大学、南开大学等都是有着较强综合实力的对外汉语教学基地。

与此同时,国家为了更好地发展对外汉语教学事业,在海外的纽约、温哥华、悉尼、首尔等多个城市建立了汉语中心。

在今后,国家还将根据实际,不断增加对外汉语教学基地和汉语中心的数量,以促使对外汉语教学获得进一步发展。

第四章　跨文化视角下的对外汉语语音教学

语音即通过人类的发音器官发出的、代表一定的语言意义的声音。它是语言的物质外壳，是语言传递信息的载体。在对外汉语教学中，语音教学自然也就成了最为基础的一项教学，词汇、语法、汉字等语言要素的教学都要在语音教学的基础上进行。本章就主要以跨文化视角来探讨对外汉语语音教学的相关内容。

第一节　对外汉语语音教学的重要性及其难点

一、对外汉语语音教学的重要性

对外汉语语音教学的主要目的就是让对外汉语学习者掌握汉语语音的系统知识和汉语普通话正确、流利的发音，为语言交际打下基础。然而，就实际的情况来看，对外汉语语音教学的效果并不是很理想，很多外国学生的汉语语音都不是很标准。造成这种情况的原因是多方面的，其中，不重视语音教学是一个重要的原因。有不少对外汉语教师和学习汉语的外国学生都觉得语音标准不标准没有太大关系，只要能听懂、能表达就可以了；也有一些对外汉语教师觉得学生在学习之后的社会交际中会自行纠正发音问题，就不用占用太多的教学时间来教语音了；还有一些对外汉语教师觉得汉语语音本身比较难，在有限的时间内是难以让学生学会的，因而还不如听其自然。实际上，语音教学是非常重要的教学，要想提高对外汉语教学的水平，就必须认识到语音教学的重要性，并化费一定的精力和时间在这上面。

以下我们主要从三个方面来说明对外汉语语音教学的重

要性。

(一)语音教学是培养汉语口语交际能力的基础

语言学理论告诉人们,语言是音义结合的符号系统,而语音是语言的物质外壳,而且是更为形象的物质外壳。当人们用不同的语音语调说出一个词的时候,其所体现的情感效果很有可能不同。与文字相比,语音可谓是语言的灵魂,它在人类的语言交际中能够更为生动、更为形象地表达意义和传达情感。因此,语音教学在语言学习过程中的作用是不言而喻的。

在对外汉语教学中,外国学生要学习汉语,也必须从语音学习开始,语音学习虽然比较难,但是是最要紧的。"因为语言的本身、语言的质地就是发音。"①

在汉语的学习过程中,语音学习可以说是非常基础性的一项学习活动。汉语语音掌握得好坏,对汉语语法和词汇的学习有着非常大的影响。赵元任先生认为"发音不对,文法就不对,词汇就不对"。例如,汉语里有送气与不送气这一典型的现象,如果不区分就很容易造成误会,如把"肚子饱了"说成"兔子跑了",这两句话的意思完全不同,但其中的"肚"和"兔"、"饱"和"跑"都仅仅是不送气和送气的区别。

很多学习汉语的外国学生都有这样的体会:发音不好,在实际的口语交际中,不仅会影响表达,而且会影响理解,最终使整个交际受到严重影响。首先,自己的发音不好,进行口头表达时比较吃力,也很难让他人将自己的意思听懂;其次,自己发音不好,也很难对他人发出的音进行辨别,这又会影响自己的听话能力,听不懂他人所说的话的意思。因此,打好语音基础对于口语交际来说相当重要,必须重视对外汉语教学中语音教学的重要性。

(二)语音教学是培养书面交际能力的重要支撑

在西方汉语教学的历史上,曾培养出了一批能阅读、翻译古

---

① 赵元任.语言问题.北京:商务印书馆,1980:156.

汉语的汉学家,他们的书面交际能力强,但口头表达能力很差。从交际能力的角度看,他们的语言交际能力是不全面的,有缺陷的。真正学习好汉语的人应当是书面交际能力和口语交际能力都很强的人。因此,当前的对外汉语教学普遍改变重文轻语的倾向,要求全面培养听、说、读、写能力,全面培养汉语交际能力。

培养书面交际能力,也需要认真学习语音。因此,语音教学对于外国学习者书面汉语交际能力的培养也很重要。

在语言的记录中,文字主要通过视觉感知形式来标记语言,但是,它是音形义相结合的符号,与语音也是密切相连、不可分割的。我们在阅读过程中也很容易体会到,如果不知道文字的读音,那么阅读也难以顺利地进行下去。个别文字的读音不知道还好,但是多数文字的读音不知道时,必然是影响阅读的。也就是说,阅读必须伴随着一定的声音形象。心理学理论认为,个人独自思考时是在进行内部言语活动。"内部言语不发出声音,但言语运动器官实际上仍在活动,它向大脑发送动觉刺激,执行着和出声说话时相同的信号功能。""内部言语是在外部言语的基础上形成的。"①

总之,即使在汉语的学习过程中侧重于培养阅读能力,也要知道所学语言的语音。当然,口语表达和独自思考、朗读和默读是不一样的。心理上有语音形象,理论上知道发音部位和发音方法,跟实际发音是有距离的。语言从内部形式转化为外部形式有一个过程。这就需要专门的语音训练。在对外汉语语音教学中,为了让学习者真正学会发音,教师会专门设计语音训练活动。

(三)语音学习必须从一开始就严格要求

语言是一种习惯,学习外语就是要养成一种特殊的良好的习惯,如一开始就学好正确的发音。加拿大语言教学理论家 W. F. 麦基就曾针对语言教学中的发音指出,在学生练习口头表达前,

---

① 中国大百科全书《心理学》编辑委员会.中国大百科全书·心理学.北京:中国大百科全书出版社,1991:224.

使他形成该语言的准确发音是非常重要的。这点最好在一开始就做到,因为学生每说一个词都会加深他的发音习惯。一旦他形成了错误的发音,那么之后纠正起来也是相当困难的。即使能纠正,也是相当浪费时间的。但是如果他能在一开始就将音发准确,那么就很容易在之后形成良好的发音习惯。对此,赵元任先生也有过相关的论述。他说:"只要开始两三个礼拜就应该把所有的困难都给战胜。因为两三个礼拜要是不给它弄清楚啦,以后你再学到文法、再增加词汇的时候啊,你就把这些错的音就老用了,所以不能不在最初的时候把这个习惯弄好。"①

显然,在语言教学中,养成正确发音的好习惯非常重要,而且要注意在一开始就养成。如果不这么做,那么错误的发音习惯会在交际中不断重复而得到巩固,到后来想改也难以改掉了。外国人学习汉语是同样的道理,必须在他们学习汉语的初始阶段,就严格要求。从这一点来看,对外汉语语音教学至关重要。

二、对外汉语语音教学的难点分析

对外汉语语音教学整体上来看就属于一种难度较大的教学。这里的难主要是由声母、韵母、声调教学中的几个难点体现出的。以下对这些难点进行相应的分析。

(一)声母教学中的难点

1. 关于清浊与送气不送气的问题

在汉语中,塞音与塞擦音都属于清音,但每一组都存在送气与不送气的对立,如下:

b[p]　　　　p[pʰ]　　　　d[t]　　t[tʰ]　　　　g[k]　　　k[kʰ]

j[tɕ]　　　　q[tɕʰ]　　　　zh[tʂ]　　ch[tʂʰ]　　　z[ts]　　　c[tsʰ]

在英语中,情况则是不同的,每组塞音与塞擦音只存在清浊

---

①　赵元任.语言问题.北京:商务印书馆,1980:157.

的对立,而没有送气与不送气的对立,如下:

[b]　　[p]　　　[d]　　[t]　　　　[q]　　[k]

[dr]　　[tr]　　[dʒ]　　[tʃ]　　　[dz]　　[ts]

当然,英语中并不是说没有送气音,清辅音有时送气,发作 [pʰ]、[tʰ]、[kʰ],但与不送气音是同一音位的条件变体,不具有区别意义的功能,而且与汉语的送气音相比,气流是非常弱的。再加上两种字母相同,因而以英语为母语的汉语学习者很容易在发汉语的不送气清音时,将其发成浊音,在发送气清音时,将其发成不送气清音的问题。例如,把"操场"[tsʰau tʂʰaŋ]发作[tsau tʂaŋ]。

在对外汉语语音教学中,面对清浊与送气不送气的问题,教师应先教学生对所学汉语拼音字母与英文字母的读音进行正确的区分,说明汉语中有送气与不送气的对立,但没有清浊对立这一事实;然后通过列举较为典型的例子让学生对清音与浊音、送气音与不送气音的差别进行较深的体会;最后指导学生多进行正确的发音练习,发好送气音与不送气音,尤其是在发送气音时,注意加大气流,并控制声带的振动。

2.关于 zh 组声母与 j 组声母的问题

在英语中,没有汉语中的 zh[tʂ]、ch[tʂʰ]、sh[ʂʰ]、r[ʐ]和 j[tɕ]、q[tɕʰ]、x[ɕ]7 个音。不过,在英语中有一组十分相似的音:[dʒ]、[tʃ]、[ʃ]。这是一组舌叶音,发音部位恰好在舌尖后音与舌面前音之间,发音时,舌叶靠近齿龈,双唇稍稍向前突出。而汉语中的 zh[tʂ]组音是一组舌尖后音,发音时,舌尖上翘接近前硬腭。j[tɕ]组音是一组舌面前音,发音时,舌面前部接触上齿龈与前硬腭,嘴唇稍扁。这就使得以英语为母语的学生在发汉语中的 zh 组音和 j 组音时,常常用英语中的[dʒ]组音来代替。例如,把"中国"[tʂuŋ kuo]发作[tʃuŋ kuo],把"西"[ɕi]发成[ʃi]。

面对声母中的这一难点,对外汉语教师应当注意让学生体会这三组音在发音时,舌与腭的接触点是不同的。为了巩固汉语中

zh[tʂ]、ch[tʂʰ]、sh[ʂʰ]、r[ʐ]、j[tɕ]、q[tɕʰ]、x[ɕ]的正确发音,教师也可借助舌位图、手形演示等直观的方法帮助外国学习者理解,并让他们进行反复进行发音训练。

3. 关于声母 h[x]和 f[f]的问题

在汉语中,h[x]是舌根擦音,发音时,舌根要抬起与软腭发生摩擦;而在英语中,h[h]是喉擦音,发音时,气流在口腔里不受任何阻碍。以英语为母语的学生经常用英语的[h]代替汉语的[x],听起来声音很靠后,好像是在嗓子里发音,其实并不正确。因此,教以英语为母语的学生发 h[x]这个音时,要让他们适当地夸张舌根与软腭之间的摩擦。由于日语中的 h 也同样是一个喉擦音其实,因而以日语为母语的学生在学习汉语中的 h[x]时也经常出现这个问题,教师可用同样的方法对他们的发音进行纠正。

此外,以日语为母语的学生也很容易用日语的[Φ]来代替汉语的 f[f]。因为,日语中的[Φ]是双唇擦音,发音时双唇撮拢吹气;汉语中的 f[f]是唇齿擦音,发音时上齿轻碰下嘴唇形成狭缝而摩擦发音,两者比较相似。对外汉语教师在教学生发这个音时,应当注意强化学生发音时上齿接触下唇的动作。

(二)韵母教学中的难点

1. 单元音韵母教学难点

在单元音韵母教学中,以下一些单元音是教学难点。

(1)a:汉语中的 a 有三个音位变体,分别是前 a[a],央 a[A]和后 a[ɑ]。发音时,这三个音的开口度依次由小变大,舌位由前到后。由于在英语中只有一个长元音[ɑ:]与汉语的后 a 发音十分相似。因此,以英语为母语的学生习惯于用英语中的[ɑ:]来代替汉语中三个不同的 a,结果经常出现误读情况。例如,将"发生"[fʌʂəŋ]读作[fɑ:ʂəŋ],将"弹"[tʰan]读作[tʰɑ:n]。因此,对外汉语教师在教以英语为母语的学生发这个音时,要注意通过夸张的办法向他们表明这三个音素的区别,并进行相应的说明。

(2)o:汉语中的 o[o]对于以英语为母语的学生来说也是难以辨别的,他们经常会将其发成英语中的[ɔ]。实际上,汉语的 o[o]比英语的[ɔ]开口度要小一些,舌位略前。此外,汉语的 o 只能跟 b、p、m、f 四个辅音相拼,而且实际发音中,o 和辅音之间有一个半元音[w]存在,即汉语的 bo、po、mo、fo 应为[pwo]、[pʰwo]、[mwo]、[fwo]。因此,对外汉语教师在教汉语的 o 这个音时,可以连同前边的辅音一起教,让学生先发 bu、pu、mu、fu,在发音过程中把嘴张开一点,就可以发出 bo、po、mo、fo。

(3)e:以英语为母语的学生也经常容易用英语的[ə:]或[ə]来代替汉语的 e[ɤ],如将"车"[tʂʰɤ]读作[tʂə:]。在汉语中,单元音 e[ɤ]是一个后半高不圆唇元音。在英语中,单元音[ə:]或[ə]是央中不圆唇元音,发音时,比汉语中的 e[ɤ]舌位偏前些。因此,对外汉语教师在教 e[ɤ]这个音时,要注意纠正,可以用 o 来引导,让学生先发 o,舌位保持不变,然后唇由圆变扁。

(4)i:汉语中 i 的同一音位有 3 种:[i][ɿ][ʅ]。其中,[ɿ]只出现在辅音 z、c、s 之后,[ʅ]只出现在辅音 zh、ch、sh 之后,[i]出现在其他辅音后。外国学生在学习汉语时,容易把[ɿ][ʅ]这两个音发成[ə],如把"次"[tsʰ]发作[tsʰə],把"知"[tʂ]发作[tʂə]。也有一些学生按拼音字母把[ɿ]或[ʅ]发作[i]。对外汉语教师在教[ɿ][ʅ]这两个音时,不必单教,可以先教会前面的辅音,让声音拖长,即可发出[ɿ]或[ʅ]。同时告诉学生,辅音发出后舌头不要动,因为只要舌尖一动,元音就变了。

(5)ü:在很多外国语言中没有这个音,因而大多数国家的学生都发不好这个音。对外汉语教师在教这个音时,可用 i 或 u 来引导,即让学生先发[i],舌头保持不动,然后将唇逐渐变圆;或先发 u,嘴唇保持不动,然后将自己的舌头从后向前移。此外,由于受拼音字母的拼写规则影响,学生也经常会把 j、q、x 后省去两点后的 ü 当作 u 来认读,如把"区"[tɕʰy]读作[tɕʰu]。这就需要教师不仅在一开始向学生讲明 ü 的拼写规则,而且要在实际的训练过程中或是学生的日常交际中时刻注意提醒学生。

2. 复元音韵母教学难点

汉语中存在不少的二合、三合复元音韵母，它们的发音与单元音韵母的发音是不同的。具体表现为，复元音韵母的舌位动程变化是滑动的，也就是说从一个元音逐渐滑到另一个元音，气流不会中断，中间没有明显的界限。外国学生在学习复元音韵母时，很容易出现动程不足的问题，即舌位没有真正地从一个元音滑向另一个元音，舌位动程很短。发出的音给人感觉是将复韵母单韵母化了。其中，前响韵母 ou 和后响韵母 uo 中的两个元音本身就十分接近，所以学生经常会把 ou 发得像[o]或[ɔ]，把 uo 发得像[u]。iou、uei、uen 三个韵母前有其他辅音时，用简式 iu、ui、un。外国学生就很容易将这三个韵母发作[iu]、[ui]、[un]，丢掉了主要元音，发音时，听起来好像张不开嘴。这个问题在三声四声里最明显。

面对复元音韵母的发音不准情况，对外汉语教师一定要多组织学生进行反复练习，要不断强调复元音韵母的构成及其发音起讫情况，并经常指导学生在韵腹发音的准确性上下功夫。

3. 带鼻音韵母的教学难点

在汉语中，带鼻音韵母主要有两类：一是带[－n]的前鼻音韵母，二是带[－ŋ]的后鼻音韵母。这两类韵母基本上两两相对。外国学生总是很难将相对立的前后鼻音发准确，要么把所有的鼻韵母都发为后鼻音，如把"林"发"玲"；要么把后鼻音韵母发成前鼻音韵母，如把"星"发成"心"。当韵腹越小时，他们出错的情况就更多。很多留学生都难以掌握 en 和 eng、in 和 ing 这两组前后鼻音。

因此，在教带鼻音的韵母时，对外汉语教师应首先教学生区别[－n]和[－ŋ]，并带领他们先发好这两个前后鼻音，使他们在思想中形成前后鼻音对立的观念，然后再两两相对地学习带鼻音韵母的发音。为了加强效果,教师在示范时可适当夸张或拖长两个鼻韵尾。

(三)声调教学中的难点

世界上的很多语言是没有声调的,只有汉藏语系的语言有声调。汉语中的声调不仅能够区别意义,而且能够给汉语增加音乐性。不过,对于学习汉语的外国学生来说,声调是非常难学的一个点。有不少学生说出的汉语都被认为是洋腔洋调,这主要是因为声调不对。

汉语普通话中有四个声调:第一声(阴平)、第二声(阳平)、第三声(上声)和第四声(去声)。外国学生在学习发四个声调时出现的最大的问题就是声调趋平:除了阴平相对容易一些外,阳平往往起点太高,升不上去,上声往往不会拐弯,而去声往往降不下来。针对这种情况,对外汉语教师在声调的教学中可以调整教学顺序,即先教第一声和第四声,然后用第四声带第二声,最后学习第三声。第一声是一个高平调,可以起定调的作用,对于这一声调很多国家的学生都比较容易掌握。第四声降不到位的原因往往是起调过低,因此先掌握了第一声后再学第四声,就相对容易降到位。当掌握了第四声后,可以用第四声带第二声,具体是指用一些第四声加第二声的词或词组进行练习,解决起调过高而上不去的问题。需要注意,在练习中选择的音节的声母、韵母应尽量简单一些,避免分散学生的注意力。至于第三声,学生一下子难以学会,可以先让他们学半三声(半三声的调值是211或212),其较低平,相对容易发些,也在实际语流中较多出现。当学会半三声后,再让学生在强调的时候拉长一下,就很容易学会全三声。

声调的掌握是很重要的,对外汉语教师一定要在学生初学的阶段就强调声调是汉语音节的一部分,每个音节都有一个声调,每个词都有固定的声调,声调变了,词也就变了。此外,在语流教学中也要不断强调每个词的声调问题,避免洋腔洋调的出现。

第二节　外国学习者的语音偏误与对外汉语语音教学应遵循的原则

一、外国学习者的语音偏误

在认知心理学兴起后,人们对外语获得的过程有了全新的认识。在诸多认识的基础上,"偏误分析"(Error Analysis,简称 EA)的研究思路和方法被提出。P.科德(Pit Corder)是 EA 的最主要倡导者。他认为:"学生所犯偏误的性质和程度,虽然不能直接用来衡量他的语言知识水平,但却可能是有关他的知识质量的最主要的资料来源。我们研究了学生的偏误以后,就能推知他在学习过程中这一阶段的知识质量,从而知道他还须学些什么。我们把学生的偏误加以语言学的描写和分类,就能对他在学习中引起疑难问题的那些语言特点有所了解。"可见,偏误分析对于对外汉语教学有着较大的帮助。

在外语教学界,偏误和失误是不同的两个概念。如果在现实的话语中出现了跟语音能力具有相关性的偏差,并且能予以确认的话,就可以被定性为偏误;而如果在现实的话语中出现一些跟语音能力不具有相关性的偏差,属于一种行为性的偏差,可被定性为失误。在对外汉语语音教学过程中,教师如果能够对外国学生常犯的一些语音偏误多掌握一些,就能够更有针对性地进行教学。以下主要对常见的一些外国学习者的语音偏误进行一定的阐述。

(一)音段偏误

在所有语言音系中,音段音位是最基本、最重要的一个部分。因此,如果在音段音位形式上出现偏误,也很容易被发现。音段分为元音和辅音,因此音段偏误分析往往也从这两个方面来进行。

1.元音偏误

在外国学习者的元音偏误方面,虽然存在着舌位前后、舌位高低和唇形圆展的问题,但是从区别性特征所显示的语感方面来看,"紧/松""圆唇/展唇"是两个容易出现偏误的方面。

汉语普通话作为一种标准语,其元音系统显示出一种偏紧的特征。雅科布森和哈勒(Jakobson&Halle)专门讨论过"紧和松"。他们指出,与松元音相比,紧元音发音时偏离声道的中性位置。他们还对多位语音学家的研究成果进行综合分析,指出紧元音还存着这样一些特点:发紧元音时声带也较紧、声门下压升高、音量也较大,在一些语言中紧元音的持续时间也较长。由此可以看出,元音的"紧/松"比较难以捉摸。但不可否认,元音"紧/松"方面的偏误会对语音面貌产生重大影响。

我们可以发现,日语和韩国语的元音系统明显比汉语普通话要松得多,就是英语的元音在总体上也比汉语普通话要松,因此,很多外国学习者在学习汉语元音时就很容易出现过松的偏误。就具体的元音音位来看,后半高不圆唇元音 e[ɣ]最易发生过松的偏误,甚至发成央中元音[ə]。其次,高元音 i[i]、u[u]、ü[y]也容易出现偏松的倾向。对外汉语教师在纠正外国学习者的这类偏误时,应特点注意以下两点:第一,在重视具体的元音音位的舌位的同时,更要关注整个发音态势,必要时可利用音高、音强和音长的协同发音来使元音偏紧;第二,在示范发音时,教师要注意调整自己的发音状态,这主要是针对那些带有方言口音的教师。因为汉语诸方言的元音系统也偏松,因而教师如果带有方言口音,也往往不能发准紧元音。

关于元音的"圆唇/展唇"问题也是外国学习者常出现的元音偏误。在汉语中,前元音[i]、[e]、[ɛ]、[a]和后元音[ɑ]、[ɔ]、[o]、[u]被称作"正则元音"。在这些元音中,除了[a]有些特殊,其余的元音都是"前"与"不圆唇"相配,"后"与"圆唇"相配。从音理上看,这样的舌位和唇形配置是比较自然的,也是世界上各种音系中带有普遍性的现象。舌位越高,"圆/展"的对立越明显,舌位略低,"圆/展"的对立也显得弱一些。正因为如此,汉语中的前高圆唇元音 ü[y]、后半高不圆唇元音 e[ɣ]也成为发音的难点。它们的难度不仅仅在于"圆/展"的程度,还在于舌位跟唇形的综合效应。因此,对外汉语汉语教师在进行它们的教学时,一定要多加注意。

在汉语中,舌尖前高不圆唇元音-i[ɿ]、舌尖后高不圆唇元音-i[ʅ]这两个舌尖元音也是非常特殊的元音,容易出现偏误。偏误可能有两种情况:一是受汉语拼音的暗示,发成了 i[i];二是偏松,向央元音位置靠近。对此,教师在教学中一方面要在认知上对学生加以指导,让他们尽量不受 i 的影响,另一方面要以同部位的辅音和元音相接来进行发音训练。

2. 辅音偏误

关于辅音的分析,经常是从发音部位和发音方法两方面进行的。因此,对于外国学习者汉语辅音的偏误也从发音部位和发音方法两方面来讨论。

在发音部位方面,外国学习者容易出现舌尖后音、舌面音和唇齿音的偏差,其他的双唇音、舌尖前音、舌尖中音和舌根音的部位性偏误则较少见,因为这些辅音的发音部位在世界各种语言的音系中是具有不同程度的普遍性的。

(1)舌尖后辅音。在各种语言的音系中,zh、ch、sh、r 这几个舌尖后辅音是相对少见的,甚至在汉语的方言中用得也不多。因此,外国学习者在发这一组辅音时就相对比较费劲,偏误主要表现为他们在跟舌尖元音-i[ʅ]相接时容易出现腭化的倾向。这主要是受到了汉语拼音"i"的影响。

(2)舌面辅音。在普通话中,j[tɕ]、q[tɕʰ]、x[ɕ]这组辅音的发音部位也比较有特点,因而给外国学习者带来一定的困难。偏误主要表现为两种:一是以舌尖前音 z、c、s 腭化后接齐齿呼和撮口呼韵母,如把"现"发成 sian。这类偏误主要是学生出于习惯和惰性,在实际言语交际活动中放任自流形成的;二是把舌面辅音发成舌叶辅音[tʃ]、[tʃʰ]、[ʃ],也就是说将发音部位前移了。纠正这类偏误,教师可指导学生尽可能展唇,使发音部位后移至舌面。

(3)唇齿辅音。唇齿辅音 f 的偏误在韩国学生那里比较多见。因为在韩语中,没有轻唇音,也没有唇齿辅音。虽然唇齿辅音发音时可凭借视觉监控,但是由于学习者难以确定具体汉字的读音,就会出现误读。此外,日本学生容易把唇音 f 说成双唇擦音[ɸ]。这是因为日语中的"フ"(FU)的实际发音是[ɸ],是负迁移现象。

在发音方法方面,"送气不送气"的区别是最大的发音难点,其次是"清/浊"的区别、浊擦音和边音的问题。

(1)"送气/不送气"的区别。关于"送气/不送气"的问题,前文声母教学难点中已经有所涉及,这里不再详细论说。需要注意,教学中所谓的"送气就是发音时呼出的气流较强"的说法,会导致外国学习者不适当地加大呼出气流,形成偏误,甚至影响语流的流畅性。所以说,有一些送气辅音的偏误的形成是教学方面的问题。

(2)"清/浊"偏误。不恰当和过度的"浊化"是"清/浊"偏误的主要表现。外国学习者所发生的浊化偏误,主要是出于负迁移的影响。西方语言中的"清/浊"对立在音系中的地位跟汉语中"送气/不送气"对立在音系中的地位类似,如拉丁字母 p:b、t:d、k:g 与标音之间的关系主要显示"清/浊"对立,而在汉语拼音中则显示"送气/不送气"的对立,于是,外国学习者很容易过度"浊化"。

(3)浊擦音。普通话中的 r 一般被认为是个浊擦音[ʐ],外国学生在发这一辅音时,容易出现圆唇化倾向,对此,教师应指导他们在原有发音的基础上展唇。

(4)边音。日本学生在学习汉语时容易在边音上出问题,因为日语中没有边音,所以他们容易以他们语言中的闪音[ɾ]来代替汉语中的边音 l。

（二）声调偏误

声调属于汉语音系的一个显著特点。大部分外国学习者的母语中都没有声调，加之声调的运用还有相当复杂的调整规则，因而他们很容易在声调上出现偏误。这主要表现在以下两个方面。

1.单字调的偏误

对于外国学习者而言，声调偏误首先表现在调域狭窄，而且声调的上阈明显偏低，这在第一声、第二声和第四声中都有显示。导致这种偏误的原因有二：一是在他们的母语中没有这方面的内容，在他们看来，汉语的声调有些"夸张、矫饰"，像"唱歌"似的；二是协同发音导致。普通话音段音位普遍具有"紧"的特征，这一特征会使人在发音时，声带紧张度提高，声门下压升高和音量增大。因此，普通话声调的调域较高。而外国学习者的声调调域也会偏低。

在四个声调中，外国学习者在第二声和第三声上最容易发生偏误。首先因为这两个声调在调型上有共同点，即有"升"段。他们在发第二声时，前端常常会出现一个平调段，严重的还显示为微微下降，在听感上让人分不清到底是第二声还是第三声；在发第三声时，偏误则表现为"降"段很短而"升"段很长、很明显。第四声的偏误主要表现为起调不够高，也有少数人起调够高，却不能形成全降调型，降至3度即告终止。

2.连读变调的偏误

外国学习者在声调连读时所发生的偏误主要表现为两种。

第一，声调连接过程中相互之间不呼应、不相接。例如，"大大"，第一个"大"去声降到底后戛然而止，重新高起调念第二个"大"，这在普通话水平测试中常被称作"字顿"现象，也就是说在念两个字，而不是念词。这种情况在说"大楼"时则好很多。这说明他们在降升相连或升降相连时,不觉得太困难。

第二,为了衔接,外国学习者常会放弃单字调的特征。例如,第四声＋第一声这样的词中,第四声被拉平从而变成第一声了,第一声＋第二声这样的词中的第一声常会被往下拽变成半拉第四声了。

面对连读变调的偏误,教师在对外汉语语音教学中应当注意采取灵活有效的教学方法。例如,吴宗济先生提出的"二字连续的基本模型",即四种声调相接形成 16 个模型,其中 2＋3 跟 3＋3 的表现是一致的。然而普通话中二字相连还有一种情况,即后接轻声音节,共四种情况。最终形成 20 个二字组连调模型。为了使这种教学方法更具有操作性,朱川先生把这 20 个二字组模型分成 3 大类 6 小类,形成这种方法的教学训练顺序,见表 4-1。

表 4-1　　　　　　　　　二字连调模型教学顺序[①]

序号	类型		连调组模型	说　明
1	A		1＋1、1＋4、4＋4、4＋1	困难不大,除了 4＋4
2	B	B₁	1＋3、3＋1、4＋2、2＋4	前后字调型对比最为突出
3		B₂	1＋2、2＋1、4＋3、3＋4	
4		B₃	2＋2、3＋2、2＋3、3＋3	两个容易搞混的单字调相连
5	C		1＋轻、2＋轻、3＋轻、4＋轻	

(三)联合音变偏误

联合音变也叫"语流音变",是指语流中由于音与音之间在连接组合过程中发生相互影响而发生的变化。很多音变现象是具有普遍性的,也就是说,各种语言都会采用同样的方式来协调发音动作。例如,前后鼻韵母的区别由韵腹的舌位形成时,韵尾很容易受到后续音节的首音的影响而发生同化。其实,这样的同化

---

①　朱川.外国学生汉语语音学习对策.北京:语文出版社,1997:192～195.

现象在英语中也是很突出的,甚至拼写上也都有所显示。不过,一些音变规律是特定语言所特有的,就会在外语获得过程成为难点。外国学习者学习汉语时,容易出现的联合音变偏误主要表现在以下几个方面。

(1)变调的现象。在汉语声调中,第三声连读是外国学习者最大的困难。一般来说,他们还是能了解第三声+第三声时,前面的第三声变成跟第二声相同的调值35,但是几个第三声音节连读时,就会不知所措。他们不了解这跟节奏单元相关。对于这种情况,最好就是多练习,练习材料可逐渐加长,速度可逐渐加快。

(2)轻声。从根本上来说,轻声是一种弱化音变。声调的弱化会使原先的调位失去,发生声调扩展的影响。音段音位也发生弱化音变。例如,塞音声母可以由"送气清塞音—不送气清塞音—浊塞音—脱落"次第提高弱化水平;韵母可以由"复元音—单元音—趋央—脱落"渐次提高弱化水平。最终轻声音节的弱化水平由说话人根据语境、交际任务和语态语势来决定,不过声韵调的弱化水平需要协调。

(3)儿化。"儿化"是汉语中的一个独特之处。它也存在着音变现象。音变的主要目标是为了在口腔中留出卷舌动作的空间,其中就会发生脱落、增音、鼻化等音变现象。在外国学习者的发音中,儿化的种种偏误是比较常见的:有依然分成两个独立音节,没有融合为一个儿化韵音节的;有缺少鼻化色彩的;还有卷舌动作不舒展或不完整的;还有韵腹的舌位发生了改变的;等等。

(4)语气词"啊"的音变现象。在汉语中,"她啊""我啊"中的"啊"应发成 ya,这对于外国学习者来说不容易掌握,会出现偏误。这里并不涉及很复杂的心理加工问题,只要在语言知识的指导下加以训练就能收到良好的效果。

(四)停连偏误

当汉语学习进入语句后,其所面对的任务就不限于语音领域了,还会涉及词汇、语法、语用等的解码、编码任务。外国学习者尤其是以英语为母语的学习者对汉字缺乏"童子功",因而反应能力受到极大的限制。因此,他们在阅读时往往会面临非常繁重的切分任务。例如,在学过生词"天真"后,出现句子"今天真的很热",他们会将"天真"作为句子中的一个重要刺激项目,以致难以理解句子。所以,外国学习者停顿位置的偏误首先表现在词内部。他们常常或是停得不是地方,或是停得不得法。例如,朱川先生就记录了这样的停顿偏误:

现▽在开始

他做▽饭做得好不好

休息时▽候他常▽常听音乐

在语句中,除了在词内不能有无条件的停顿,还有一些结构节点也是不能停顿的,否则就会形成破句。虽然在语句中许多停顿是选择性的,但是其中也还是有一定的规律的。不过,很多规律在当前并没有完全被揭示出来。对外汉语教师在教学中应非常注意领读和跟读的训练,而且在反复朗读的过程中尽可能改变停顿的位置,以便让学生熟悉那些可以停顿的位置,并培养良好的汉语节奏感。

二、对外汉语语音教学应遵循的原则

语音教学面对的外部环境是比较复杂的,因此,要想获得更好的对外汉语语音教学效果,就必须遵循一定的原则。归纳而言,这些原则主要有以下一些。

(一)语音输入和输出相结合原则

语音能力具有输入和输出两重性,这两种特性及其共轭关系在语音加工和语音获得过程中都起着重要的作用。因此,在外语教学的语音培养目标方面就应注意充分结合语音输入和输出两个方面,以便形成完整的语音能力。

从现行的对外汉语教学系统的语音训练看,学生在教学中专门进行语音训练的时间很短。即使有专门的音素教学阶段,也只是匆匆地进行发音训练。实际上，如果在学习者的心理没有能切实建立准确的语音表象，发音训练只能是实时的机械模仿，就无法在长时记忆系统中保持语音表象。此外，不系统认真地学习汉语音系，进行相关训练，那么学习者对各音位的认识只能是盲人摸象，不可能理解音位之间的对立关系和结构关系，因此也无法建立音位模型和音系模型。

与其他语言项目的输入不同，语音输入是作为言语技能的听力中的一个重要能力因素。因此，语音输入的滞后或不足会对学习者的汉语听力产生直接的影响，并进一步影响口语输出——说。而现在很多对外汉语教学在进入听力训练阶段后才进行语音输入的训练。其实，这是很不好的。殊不知学习是一个循序渐进的过程，认知发展也需要环环相扣，在语音阶段忽视语音输入的训练，很容易无端地提高学习成本，降低学习效率。

在对外汉语语音教学中遵循语音输入与语音输出相结合的原则，并不是说必须设立一个聆听的训练阶段，而是要求任何一个教学内容在训练输出之前都应当有一个输入的指导和训练。例如，很多对外汉语教师在教授学生声母的时候，都是以发音部位为线索进行的，即 b、p、m、f 一组，z、c、s 一组，d、t、n、l 一组，其余类推，但是在发音方法方面的语音表象就没有能充分显示，实际上 b 和 p、z 和 c、d 和 t 之间的关系是一致的，如果在语音输入的时候呈现这样的关系，使学生在认识这样的关系的基础上建立心理的语音表象，再按照心理语音表象来实现语音输出，也就是发音，就会收到更好的效果。

坚持语音输入与语音输出相结合原则，对外汉语教师就应当在进行教学设计时，把语音输入作为一个与语音输出一样重要的明确的教学任务来对待，而不是只将其看作服务于语音输出这个终极目标的一个中间环节。既然是一个明确的教学任务，就应当设计明确的目标陈述、教学程序、训练方法和评价手段。这虽然会增加一定的教学成本，延长一定的语音教学时间，但益处绝对是难以想象的。

（二）音素教学和语流教学相结合原则

长期以来,关于对外汉语的语音教学,总是存在两种不同的教学思路,一个是音素教学,一个是语流教学。音素教学是"在语言教学中从单个的音素教学开始,单音学好之后再逐渐过渡到音节、词、短语、短句,再到会话练习"[①]。语流教学强调在语流中学习语音,即不从单音开始教,而是从句子入手,通过话语和会话让学生逐步掌握音素。这两种教学思路或者说是教学方法各有自身的优点和缺点。

音素教学会安排汉语声韵调系统的有计划的集中训练,这能够让学生比较扎实地打好音素的发音基础,根据汉语音位系统的特点将音位加以排列,使语音学习更有系统性和规律性,从而更快地掌握发音。但准确地发好每一个单音并不一定在语流中也能正确发音,语音教学的目的并不仅仅是声韵调本身,而是能将音节连成准确、自然、流畅的语流。此外,音素教学也容易出现单调枯燥的现象,影响学生学习的积极性。语流教学不设相对集中的语音阶段,主要是让学生在会话练习中将语音、词汇、语法等结合起来,在长期的练习中逐步掌握语音。这种方式的见效快,也容易激发学生的学习兴趣。但是,缺少了语音的单项训练,往往就很容易将语音教学架空,使其得不到真正的落实。

因此,将音素教学与语流教学结合起来,就成了对外汉语语音教学发展的一种必然呼声。事实上,它们二者的结合确实具有较高的可行性,因为它们在教学内容和教学路子上都是互补的。在具体的教学中,遵循音素教学与语流教学相结合原则,可以在教学中以交际为出发点,在有意义的交际语流中,让学生首先初步掌握声韵调的相关知识,然后通过分解练习集中操练包含于语流中的音素,尤其是进行难音难调的训练,打好基本功。最后,再回到词、句子和语流中进行练习,在巩固音素的同时也让语流更

---

① 程棠.对外汉语教学目的、原则、方法.北京:北京语言大学出版社,2008:52.

为自然。这样的训练不仅能够避免反复单调的语音操练，打好语音基础，而且能够让学生从一开始就注重语流的变化，在语流中真正掌握汉语的语音系统，提高自身的语流表达能力。

（三）技能训练为主、知识讲解为辅的原则

在语言教学中，语音能力是一种在学习类型和教学方法上与其他学习内容存在较大区别的学习内容。首先其动作技能的含量非常高，学习者要获得语音能力就需要经过模仿和辨别、建立语音表象、操练、建立音位和音系模型、练习、形成熟练操作这样一个过程。在这样一个过程中，技能训练的比重无疑是很大的，不过，如果始终是技能训练，显然会出现教学的机械、枯燥现象。因此，必要的知识讲解也是不能缺少的。在语音技能训练中，知识讲解的比重虽小，但是起着积极的作用。尤其在学习一个新的内容的早期，知识讲解会对操作步骤提供一些线索。此外，专家的讲解和指导也会在很大程度上帮助学习者开发发音器官的运动潜能。由此看来，语音教学应当坚持技能训练为主、知识讲解为辅的原则。所谓"精讲多练"正是这一原则的充分体现。

对外汉语教师也可借鉴斯特雷文斯设立的语音训练的三层级来贯彻这一原则。他提出语音训练的第一层级是模仿层级，在这一层级，教师要鼓励学生多模仿，而不应浪费太多的时间来进行解释；第二个层级是"言语训练"层级，教师可组织学生进行处理特殊发音问题的专门练习；第三个层级是"实用语音学"层级，教师直接运用语音学和音系学加以解释。可见，斯特雷文斯认为语音训练的第三个层级以知识讲解为主就好。

（四）趣味性原则

在当前的对外汉语教学中，普遍存在的一个问题就是缺乏趣味性。尤其在语音教学过程中，如果不结合语流教学原则，而只进行声、韵、调的单项练习，学生很容易出现单调、乏味之感，对学习提不起兴趣。兴趣对学生来说很重要。在汉语语音教学中，正

确发挥学生的个人兴趣,有利于其更快地掌握汉语语音知识,否则就会妨碍学生的学习。

从当前的实际情况来看,语音教学要想遵循趣味性原则,就要十分注意所教内容的实用性,即所教内容对学生来说到底有没有用,能不能提高汉语交际水平。当学生不太清楚所学的内容有没有用时,教师要做一定的思想工作,让学生明白当前学习的东西与最终目的之间的关系,也就是所学内容的意义与价值所在。学生真正明白了所学内容的意义,就会自觉地为所学内容付出较大的精力,本来枯燥的内容也会变得有趣起来。

当然,增强语音教学的趣味性,教师自身应注意多个方面。例如,拓展自己的知识面,熟悉学生个性特点,精心设计练习,讲究授课的方式方法等。

(五)循序渐进原则

循序渐进原则就是指在对外汉语语音教学过程中,注意按照由易到难的顺序进行教学。具体来说,在安排具体音素的教学顺序时,可先学习容易的音,待学生掌握了容易的音之后,再用容易的音带出难发的音,而不是按照《汉语拼音方案》的次序进行学习。例如,在很多语言中都存在声母 s 这个音,z、c 的发音部位又和 s 相同,所以这三个音不难学。而舌尖后音 zh、ch、sh 相对难学一些。因此,教学时可以调整一下顺序,不按照 zh、ch、sh、r、z、c、s 这样的顺序来,而是先教 s、z、c,再教 sh、zh、ch。这样就很好地体现了由易到难、由易带难、循序渐进的教学原则。此外,在进行声韵调结合的教学时,也要注意分散难点,新学的声母先与简单一点的韵母相拼,逐步过渡到与复杂一点的韵母相拼;难发的声调先与容易发的音素结合,逐步过渡到与难发的音素结合。

(六)因材施教原则

在对外汉语语音教学中遵循因材施教原则,就是要让对外汉语教师注意结合学习者的语音学能、动机和态度、性格和认知风格、年龄、国别等进行有差异的个性化教学。

在语言学习中,学习者的语音学能对其最终的学习成果往往会产生深刻的影响,因而不能忽视它。有的学习者的汉语交际能力很强,但其语音中的母语口音很重,教师不应当对此不管不顾,而是要针对他的问题,采取一些特殊的方法,矫正其口音。

学习者的动机和态度是影响其语音学习成就的又一个极为重要的因素。汉语语音的学习往往需要进行大量的机械练习,而且需要持续很长一段时间。此外,语音学习内容中有着许多不易觉察的细节,需要细心体察才能感悟。这就需要学习者有良好的动机和态度。面对那些没有积极的动机以及由此而形成的积极态度的学习者,教师要注意在教学中利用一定的方式尽可能唤醒他们的积极动机,帮助他们形成积极的语音学习态度。

学习者的性格和认知风格也在一定程度上影响着学习者的语音学习。一个外向型性格的学习者,由于能积极参与目的语交际活动,其语音表现会显得流畅而生动,而发音的准确性可能低一些,因为他容易满足于可接受的水平;一个内向型性格的学习者,不善于各种交际活动,因而口语表达可能不太流畅,但由于具有较高的内省能力,因此发音的准确性可能比较高。一个对本民族文化认同感特别强的人,会对纯粹的外语语音风格采取对抗或者回避的态度,一个随和变通的学习者,容易接受各种"异己"的语音,能够轻松认同目的语音系。对此,语音教师要特别善解人意,对不同的学习者因势利导,扬长避短,尽可能争取得到最佳的教学效果。

学习者的年龄有时也是影响语音学习的一个因素。一般来说,年龄小学习语音更容易些,年龄大学习语音会难一些。但是,这并不是绝对的。教师在进行汉语语音教学时,只要稍稍区别对待一下就好。

国别差异对学习者汉语语音的影响主要表现为学习者所获得的语音表现中所带有的口音有所不同。对此,教师一定要有耐心,要花费一定精力,开展不同音系之间的对比分析和语音偏误分析方面的研究,从而针对不同国别的学习者进行相应的教学指导。

第三节 对外汉语语音教学的方法与技巧分析

相对于对外汉语教学中的其他教学内容来说,语音教学相对单调枯燥,因此,为了避免这种情况和提高学习者的语音学习效率,有必要采用一些行之有效的教学方法和技巧。以下就对对外汉语语音教学的一些方法与技巧进行一定的分析。

一、演示方法与技巧

对外汉语语音教学中所采用的演示法主要是指教师借助图表、板书、实物、手势、体态等手段演示发音部位、发音方法,以展示和指导发音。

(一)图表演示

在音素教学中,教师可借助一些图表来演示汉语中的一些发音。具体来说,讲解声母和韵母时,可展示声母表、韵母表;讲解拼音系统的拼合和书写规则时,使用声韵拼合表;对于某些难发的音,则可用发音器官图来直观地指导发音,如用发音示意图来辨析舌尖后音 zh、ch、sh 与舌尖前音 z、c、s(图 4-1)。

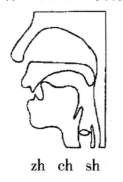 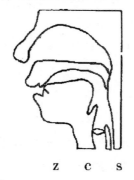

zh ch sh   z c s

图 4-1

在声调教学中,教师可利用四声升降图来演示声调的高低变化(图4-2);也可以用声调五度标记图来直观地演示四声的调值(图4-3)。

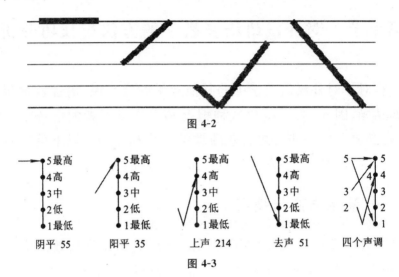

图 4-2

| 阴平 55 | 阳平 35 | 上声 214 | 去声 51 | 四个声调 |

图 4-3

(二)板书演示

教师事先设计好板书,根据教学的情况逐个展示,边教学边展示板书,也是一种很好的演示方法。例如,教师可把要讲的声母依次竖写在黑板上,然后将韵母依次横写在黑板上,待逐个教完声母和韵母后,在横竖交汇处写上相应的音节进行拼读教学。这样教师能够随时按照每节内容的需要来安排演示顺序,比较灵活,不用受已有的图表中声母、韵母顺序的限制。例如:

	s	z	c
-i	si	zi	ci
a	sa	za	ca
e	se	ze	ce
u	su	zu	cu

综上所述,与图表演示相比,板书演示有更大的灵活机动性,属于一种动态的演示方法。

（三）口形演示

教师在语音教学中利用口形示范发音是一种最为直观的演示方法。教师做口形示范时可先用自己手指指一下眼睛，示意学生看，然后指一下自己的嘴，让学生看开口度的大小、圆唇与不圆唇的差别、嘴唇的收拢或前突等。为了达到自我矫正的目的，教师也可建议学生用镜子来观察自己的口形，并与教师的口形进行比较。

（四）手势演示

一些音在发音时，口腔内舌头、牙齿、软硬腭等部分的相对位置及动作变化很难让学生直观地看到，因此，为了达到直观演示的目的，教师可用手形来模拟发音器官。例如，演示 z、c、s 和 zh、ch、sh、r 两组舌尖音的发音部位时，教师可用左手手掌向下四指微屈来代表硬腭和上齿，用右手手掌向上，代表舌头，进行演示。具体来说，右手指伸直，顶住左手的指尖，表示 z、c、s 发音时舌尖的接触位置是上齿背；右手指微屈，顶住左手第二关节处，表示 zh、ch、sh 发音时舌尖上翘，接触上齿龈。总之，全部舌齿音的发音部位和发音方法几乎都可以通过左手与右手之间的配合将其演示出来。这种方法直观形象，简单易行。

（五）实物、体态演示

对于有些音，教师可以通过实物或体态来帮助学生校正和调整发音部位和方法。例如，针对送气音与不送气音的区别，教师在进行发音示范时，可将一张小纸片放在嘴前，让学生观察纸片振动的幅度，以此让他们对送气量的大小有所体会和掌握。

在教卷舌音时，如果学生已经捕捉到卷舌音的声音形象，但又模仿不了，发不出卷舌音，可用咬指法，强制舌尖上翘。具体是指将食指放进口中，用食指顶住舌尖背面，然后用牙轻轻咬住食指的第一关节处，开始发音。教师可用咬指法多做几次发音示范,再让学生反复模仿。有些外国汉语学习者分不清 n 和 l,常在发 l 时不能全部关闭鼻腔,使一些气流漏进了鼻腔,容易发成 n。针对这种情况,教师可以让学生捏住鼻子发音,检查自己的软腭上升是否到位。这种方法之所以有效,主要是因为发鼻音 n 时,气流全部由鼻腔流出,如果捏住鼻子将发不出音,而发边音 l 时,气流完全由口腔流出,所以,鼻子是否被捏住,没有任何影响,发出的音都是完全一样的。

体态演示的方法在语音教学中其实是比较普遍的。除了在教一些元音、辅音时使用外,还可以教一些声调时使用,如用手指划动表示四声的升降变化或一边发音一边用头的摆动显示声调的变化模式等。

二、对比法

在对外汉语语音教学中,对比法也是使用得非常频繁的一种方法。对比法主要是通过对比两个音或两组音之间的差异,对所要学习的语音进行掌握的方法。这里所说的对比可以是不同的两个语音系统中相似的音的对比,也可以是汉语中的两个相似的音的比较。

(一)汉语语音与外语语音的对比

这主要是指比对汉语的语音系统和学生母语的语音系统,在对比基础上找出二者的异与同,然后利用学生的正迁移和负迁移,有效地促进他们对语音的学习和掌握。

例如,将汉语的清辅音与英语的浊辅音进行对比,使学生感受发音时声带振动与不振动的差别;将汉语的 zh 组声母和 j 组声母与英语的[dʒ][tʃ][ʃ]进行对比,使学生体会发音部位的细微差别;将汉语 u 与日语的[w]对比,使学生体会发音时圆唇与不圆唇的差别等。

（二）汉语内部语音的对比

在汉语语音系统中，有一些发音部位非常接近但却是完全不同的音。教这些音时可用对比法。例如，在学习声母时，可注意对比送气音与不送气音；对比 zh 组、z 组、j 组三组声母；对比 f 和 h；对比 n、l、r 三个音。在学习韵母时，可注意对比 n、u、o 等圆唇音与 i、e 等不圆唇音；对比单元音韵母与复元音韵母；对比前后鼻音；对比前后鼻音等。

在声调的学习中，也可以灵活地运用对比方法。可以把四个声调的音节放在一起进行对比，帮助学生掌握其差别，也可以对比不同的变调音节，帮助学生记忆汉语变调的某些规律。例如：

第一 di(yī)

一个(yí)ge

一起(yì)qǐ

采用对比方法时，除了将近似的音两两对举练习外，还可以将易混音放入音节，进而放入词汇中进行练习。例如，练习 f 和 h 时，可给出成组的词汇，做转换练习：

轰鸣——蜂鸣　　飞机——灰鸡　　会话——废话

梅花——没法　　仿佛——恍惚　　花肥——发回

需要注意，这种词汇对比练习一是要慢，要强调每个音的准确度；二是要结合学生的语音水平，最好在语流教学开始后进行。

三、夸张法

为了加深印象，帮助学生更容易地发出某音，教师在展示和指导发音时，可用适当的方法进行适当的夸张，以突出汉语某些音的发音特点。事实证明，在语音教学的初级阶段，利用夸张法突显音与音、调与调之间的差别，能够在很大程度上帮助学生理解和模仿汉语的发音。一般来说，可对发音口形、响度、音长、音高对比等进行适当的夸张。

（1）在教单元音韵母，如发 a、i、u、n 等音时，可以让学生适当地夸大嘴的开口度、圆唇度或突出嘴唇的收拢或前突,以便更形象地显示各个音素间的差异。

(2)在教复元音韵母时,可以让学生将韵腹部分的响度增加一些,以使学生正确感知音程的变化,感知各个音素在构成复合韵母时的作用;或者可以让学生在整体延长发音的情况下,将韵腹的音发得更长一些,以使韵腹与韵头、韵尾有更明显的区别。

(3)在教前后鼻音的发音时,可以让学生有意地延长鼻音韵尾的发音时间,或者可以让学生在发前鼻音时,将嘴角用力向两边扯,将舌头伸长到上下牙之间,发后鼻音时,将嘴张大一些,以突出前后鼻音舌位的不同。

(4)在教声调时,尤其是将几种声调组合时,为了加强印象,可以让学生有意强调高低对比变化或延长发音时间,也可以让学生采用唱调的形式练习声调。这都是采用了夸张的方法。

此外,教师也可配合夸张的板书设计来达到视听两方面的共同作用。例如,结合发音口型将 a、o、e 写大一点,使学生对复合韵母中各元音开口度的不同有更为直观的理解。

夸张法总的来说是一种既简单又容易操作的教学方法,在语音教学中使用频率也较高。需要注意的是,夸张要适度、适时,要让学生明白夸张是为了示范和加深学生的理解,让学生学会发汉语的难音。当学生掌握了基本音,在进行巩固练习时,特别是进入语流教学时,一定要恢复自然发音,如果依然夸张而行,则很容易形成不良的发音习惯。

四、带音法

所谓带音法,就是指用一个已经学会的音素或学习者母语中存在的音素带出另一个发音部位和发音方法相关的新音素,或者以一个容易发的音带出另一个发音部位与之相近的较难发的音。汉语里常常有两个发音部位相近、发音方法相似的音,因而用带音法可以较为顺利地引导学生发出难发的音来。

例如,用带音法教 e,可以先发 o 这个音,然后将 o 的音程拖长,同时嘴角慢慢向两边咧开,使唇形由圆变扁,就将 e 发出来了。用带音法教前高圆唇元音 ü,可以用 i 来带,i 是一个不圆唇的元音,但与 ü 的发音部位完全相同,对于绝大多数留学生来说,发 i 都比较容易,因此,用 i 带 ü 容易成功。

此外,在很多语音系统中都存在 s 这个辅音,因此,外国学生在学习汉语中相同发音部位的 z、c 和相似发音部位的 zh、ch、sh、r 时,可以用 s 来带出。发 z、c 时,可让学生在发 s 时用力将舌头从上齿下沿弹开,形成一次成阻和除阻过程,从而发出塞擦音 z;在发出 z 的基础上加大吐气量,发出送气的 c。发 zh、ch、sh、r 时,可让学生在 s 的基础上,将舌尖接触点调整至上齿龈,发出 sh;然后同样用 sh 带出 zh 和 ch;最后在发 sh 时,加上声带颤动发出 r。

在声调的学习中,带音法同样是适用的。例如,用一声带四声,或用英语中的降调带四声;用四声带二声;用半三声带全三声。

五、分辨法

分辨法也是语音训练环节中常用的一种方法。它是指通过听觉、视觉对语音的正误进行辨别,或对相近的音素、音节、声调进行辨别,以提高学生语音分辨能力的方法。分辨法具体有辨听、辨认、辨读等方式。

采用这种方法时,教师可以展示一些容易听错、读错、看错的音素、音节或声调,让学生加以辨别。具体可以采用教师念学生指辨、填空或选择的形式,也可以采用由发音较好的学生念,其他学生指认的形式。例如:

（1）教师念　　　学生指辨声母

　　po　　　　　　b　　p

　　tong　　　　　d　　t

　　zhon　　　　　zh　　j

（2）教师念　　　学生填空

　　he hou　　　　h　　h

yǎn jìng　　y　　ing

（3）教师念　　　　学生选择

jiè shào　　　A. yè xiào　　B. jiè xiào

C. jiè shào　　D. qiè shào

在采用分辨法时，为了提高教学的趣味性，改善课堂气氛，增强学生的参与热情，上述练习也可以采用游戏的形式，如事先准备卡片进行辨音竞赛。具体做法是将学生分组，每组分发若干写好音的卡片，然后，教师念音，学生迅速辨别并举起相应的卡片。然后各组计分，最后分数最高的给予奖励。

六、纠正发音的方法与技巧

在语音教学中，纠正学生发音中存在的问题或错误习惯也是非常重要的一项任务。在最初的语音集中教学阶段，对每一个新音素或音节的学习过程实际上就是无数次纠正原有母语发音习惯或错误习惯，建立正确的、良好的目的语发音习惯的过程。在此过程中，教师一定要有耐心，要把它当作一件并不简单的工作来做。在帮助学生纠正发音时，教师不仅要具备较强的听音、辨音能力和扎实的语音理论知识，还应当综合运用上面提到的演示法、对比法、夸张法、带音法等方法和技巧。唯有如此，教师在语音教学中才能及时发现学生存在的发音问题，并准确地认识到产生问题的原因是什么，继而给出有效的纠正方法。以下就是两个常用的纠音方法。

（1）固定法。这是指教师在指导学生发音时，先将某一个音素的突出的发音部位固定下来，让学生进行仔细的观察与模仿。在模仿过程中，学生也应当在教师的指导下将口型舌位固定在正确的位置上，然后再发音。例如，发 j 这个音时，教师可指导学生先将嘴角尽量向两边咧开，再微微分开上下齿，舌尖抵住下齿背，这个动作先固定下来，然后试着发音，如果不太满意发音，再根据情况调整各发音器官的位置，直到发出正确的音。

（2）录音法。这是指教师让学生在课堂教学之外将自己的发音练习录制下来,然后在单独辅导过程中与学生一起听,听的时候对学生没有发准确的音进行纠正。一般来说,在回放录制的发音练习时,教师和学生都很容易从录音中听出没有发对的音。将这些音记录下来,教师进行一一指导与纠正,学生再反复练习几次,就可以掌握了。

在纠正发音的过程中,以下几点也应得到高度重视。

第一,严格要求。在语音教学中,当学生出现语音错误时,要严抓不放,即一旦发现错误,一定要纠正到学生发出正确的语音为止。

第二,抓住难点进行纠正。教师应注意抓住学生的普遍难点和个别学生的特殊难点,对症下药,较为集中地纠正。

第三,尽量先让学生自己纠正。学生在发音过程中出现问题时,教师可先提醒学生,可用图表、板书、手势、体态等启发学生,让学生自己先纠正,不能纠正时,教师再予以纠正。

第四,注重模仿和重复。在学生发错音,自己不能纠正时,教师要用正确的方法进行示范,然后让学生模仿。当学生发对音后,教师应当让学生重复发几次,以加深印象,彻底纠正错误发音习惯。

第五章　跨文化视角下的对外汉语词汇教学

　　词汇是语言的三要素之一,是一种语言中所有的词和固定短语的总汇。对于对外汉语教学而言,它的一大目标就是使学习者掌握一定数量的词汇,使他们从"识词"到"用词"。然而由于对外汉语学习者的母语文化与汉语文化之间存在较大的差异,造成不同学习者在汉语词汇学习上常常产生不同的文化模式,因此,开展对外汉语词汇教学的过程中,教师一定要注意结合学习者的母文化认知模式及其文化思维特点等进行汉语词汇教学,以减轻学习者所受到的汉语文化冲击,促使其更好地学习汉语词汇。

第一节　对外汉语的词汇范围及词汇教学的地位

　　词汇作为语言的重要组成部分,是以造句材料的身份存在的。如果把言语作品比作建筑物,那么词汇成分就是它的建筑材料。换句话说,词汇就好似材料库,人们从中提取合适的词语组成各种句子来传递信息,交流思想,达到交际的目的。对于对外汉语教学而言,词汇教学同样也具有十分重要的作用。所不同的是,对外汉语教学的词汇范围与现代汉语教学的词汇范围有所不同。

一、对外汉语的词汇范围

　　总体上来看,对外汉语的词汇范围不同于本体的词汇范围,除了词和固定短语以外,从教学角度出发,还应包括那些凝固或半凝固的各种组合形式。

(一)汉语词汇的构成

1.词的构成

汉语中的词十分丰富,从不同角度可以划分成不同的类型。具体来看,根据其在词汇系统中的地位,可将其分为基本词汇和一般词汇。基本词汇是词汇中最主要的部分,是从古代到现代,在实际运用中必不可少词,也是人们交际中最不可少的概念。通常情况下,基本词汇又可以划分为以下几种类型。

(1)表示生产和生活资料的词,如"盆、车、碗、凳"等。

(2)表示人们最熟悉的自然界现象和事物的词,如"云、日、风、雨、树"等。

(3)表示最基本的性质状态的词,如"高、矮、长、短、粗、细"等。

(4)表示人体部位器官的词,如"眼、手、头、腿"等。

(5)表示时令和方位概念的词,如"年、月、日、上、下"等。

(6)表示人称和指代关系的词,如"你、我、他"等。

(7)表示最基本的动作变化的词,如"跳、出、开、问"等。

(8)表示数量的词,如"一、二、千、万"等。

(9)表示程度、范围、关联、语气的词,如"就、很、吗、因为"等。

一般词汇是基本词汇以外的词汇,它与基本词汇相比,数量相对没有那么大,且成分复杂,容易随着社会的变动产生变化,也没有基本词汇那么强的稳固性,大部分词汇也没有悠久的历史。从其类型上来看,一般词汇主要包括以下几种类型。

(1)新词语,这是语言中新产生的词语,是用新的形式代表新的事物、新的概念的词语,如"封杀、炒股、打黑、双赢"等。

(2)方言词,这是原来在某些地域的方言中使用,后来融入汉语词汇中在全国范围内普遍使用的词,如"物业、买单、打的、搞笑、搞定"等。

(3)古语词,这是在历史上曾经存在过,表示现实生活中已经消失的现象,在日常交际中较少使用,但在某些情况下会予以使用的词语,如"老爷、丫鬟、妾、上朝"等。

(4)外来词,这是借自于其他民族语言的词,一般来自国外,或者其他少数民族语言,如"T恤、POS机、卡拉OK、沙发、扑克、胡同"等。

另外,根据词汇中包含语素的数量,词可以分为单纯词和合成词两类。单纯词是由一个语素构成的词。换句话说,只有一个语素的词就叫单纯词。从音节的角度看,可以分为单音节单纯词与多音节单纯词。例如"多、马、从、蝴蝶、沙龙、布尔什维克、迪斯科"等。

单音节单纯词即一个音节就是一个词,如"长、香、很、最、不、从、于、但、书、笔、走、说、好、美"等。

多音节单纯词即由一个语素构成,但这一个语素可能有两个以上的音节的词,如"仿佛、秋千、犹豫、从容、彷徨、烂漫、肮脏、辗转、白兰地、萨其马、开司米、迪斯科、三明治、海洛因、席梦思、乌托邦"等。

合成词是由两个或两个以上语素构成的词。例如"老师、美丽、车辆、妈妈、意义、语言、胖子、椅子、电冰箱、绿油油、收音机、图书馆、自行车、社会主义"等。汉语里的合成词,多数是由两个语素构成的,也有由两个以上的语素构成的。合成词主要有复合式、附加式和重叠式三种构成方式。

复合式的合成词按照它内部几个语素之间的关系,又可以分为联合型、偏正型、补充型、动宾型、主谓型等。其中,联合型指由两个意义相近、相关或相反的语素并列组合而成的词汇,如"思想、朋友、骨肉、尺寸、东西、是非、国家、窗户"等。偏正型的复合式合成词,两部分的词素之间是修饰和被修饰的关系,前一个词根修饰、限制后一个词根,整个词义以后一个词根为主,前一个为辅,如"火车、宋词、汉语、公路、四季、红旗、热爱、欢迎、单干、美观"等。补充型的复合式合成词,词中的两个词素之间是补充被补充、注释被注释的关系,如"梅花、柳树、玉石、糯米、船只、车辆、人口、提高、改进、推动"等。动宾型的合成词,两个词素之间是支配和被支配的关系。前一个词素表示动作、行为,后一个词素表示动作、行为支配的对象。因此这类词也叫作支配型合成词。它主要构成谓词,也可以构成名词,如"送行、送别、出席、出版、出丑、得罪、立春、立夏、立秋、立冬、理事、董事、夺目、醒目、顺手、刺耳、入耳、得意"等。主谓型的合成词,两个词素之间是陈述和被陈述的关系,如"自动、自杀、年轻、肉麻、心得、面熟"等。

附加式合成词是由词根词素和词缀词素组合而成的词。这类词也可以分为词根加词缀和缀加词根两类。前者词缀在后面,如"房子、石头、敢于、前头、甜头";后者词缀在前面,如"虎、老师、老板、老婆、阿姨"等。

重叠式合成词是语音形式是由音节重叠而成的词汇,它有两种形式,一种是 AA 式,如"妈妈、叔叔、常常、刚刚、明明、星星"等;另一种是 AABB 式,如"风风火火、密密麻麻、洋洋洒洒、熙熙攘攘、稀稀拉拉"等。

2.语的构成

"语"即固定短语,是由词构成的结构定型、意义完整的造句功能相当于词的语言单位。所谓结构定型,是说固定短语的构成成分不能随意变更或增减,组合顺序不能随意改动,如成语"雪中送炭"不能说成"送炭雪中""雪里送炭""大雪送炭"等。所谓意义完整,是指固定短语的意义一般不是它的构成成分意义的简单相加或者是构成成分的字面义,而是在字面义基础上形成的抽象而完整的意义,如惯用语"泼冷水"不是指泼洒冷水,而是用来比喻打击人的热情。固定短语和词一样,也是一种造句的语言单位,作用相当于词。常见的固定短语有成语、惯用语、歇后语、复杂专有名词、谚语等。

成语是一种相沿习用并有特定意义的固定短语,它浓缩了人类社会悠久历史和灿烂文化的精华,是汉语词汇的一个宝库。从语音形式上来看,成语以四音节为主,如"安居乐业、炉火纯青、上蹦下跳、四面楚歌、学富五车、一衣带水"等。但与此同时,除四音节成语之外,汉语成语还有一些其他的形式,如三音节的"莫须有、落水狗";五音节的"物以稀为贵、小巫见大巫";六音节的"风马牛不相及、五十步笑百步";七音节的"近水楼台先得月、冒天下之大不韪";八音节的"巧妇难为无米之炊、桃李不言下自成蹊";九音节的"司马昭之心路人皆知、千金之裘非一狐之腋";十音节的"卧榻之侧岂容他人酣睡、山上无老虎猴子称大王"等。

惯用语是语言符号中一类比较特殊的符号,是定型的语言表达形式。由于历史的积淀、社会的习用,使得这些语言符号在形式上、以上、功能上和使用环境上具有区别于它类语言符号的特点,即在形式上是定型的,意义上是完整的,功能上可以作为一个词、一个短语来使用。从语音形式上来看,惯用语主要以三音节为主,不过它的语音形式没有成语那么固定,如"敲边鼓、挖墙脚、对台戏、哑巴亏、背黑锅、磨洋工、和稀泥"等。除三音节以外,惯用语也有一些其他音节的,如二音节的"拷贝、冒尖、吃香、丢脸"等;四音节的"喝西北风、打退堂鼓、唱对台戏、吃哑巴亏"等;五音节的"脚踩两条船、换汤不换药"等;六音节的"干打雷不下雨、驴唇不对马嘴"等。

歇后语是我国劳动人民在长期的生产实践中创造的一种特殊的语言形式,具有诙谐形象的特点。通常情况下,汉语中的歇后语由两部分组成,前一部分通常是形象的比喻,像谜面;后一部分是贴切的解说语,像谜底。例如,"擀面杖吹火——一窍不通、竹篮打水——一场空、黄鼠狼给鸡拜年——没安好心、老鼠钻风箱——两头受气"等。

复杂专有名词是作为"语"的专有名词指用复杂短语表示的术语和行业语以及具体的机构名、组织名、书刊名等,如"函数恒等式、组合数学、哥德巴赫猜想、微创手术、通货膨胀、东方明珠电视塔、青藏高原、长江三角洲"等。

谚语是流传于群众之中的通俗易懂而含义深刻的现成语句。它用通俗、简练的语句表达一个完整的意思,且含义深刻。谚语的格式固定,结构特殊,富有教育意义。此外,谚语的内容非常丰富,涉及事理、修养、社交、时政、生活、风土、自然、农林、工商、文教等各个领域。例如,关于养生的"早起早睡,精神百倍""春捂秋冻,一年无病""一场秋雨一场寒,十场秋雨穿上棉""白露不露身,寒露不露脚,未吃端午粽,寒衣不要送""寒从脚下起,火自心头生";关于事理的"人心齐,泰山移""在家千日好,出门一日难""富在深山有远亲,贫穷对面不相认""有理走遍天下,无理寸步难行";关于气象的"朝怕南云涨,晚怕北云堆""天早云下山,饭后天大晴""日出东边白,雨停云消散"等。

(二)语块的构成

对外汉语教学中的词汇不仅包括现代汉语中的词汇,而且包括教学词汇,即包含一些习用性的词汇,这就是语块。它是一种预制的语言板块结构,是那些在交际中使用频率较高的但又不是真正意义上的固定短语的词语组合形式(包括常用句式)也作为词汇的单位,具有一定的结构和意义。

从其特征上来看,语块是语法、语义、语用的结合体,在形式上具有整体性,语义上具有约定性,同时具有习用性,它既区别于固定短语又不同于自由组合:固守短语形式完全"固定",不具有灵活性;自由组合则太过灵活,其内部不具有依存性和共现性,搭配词语缺少预测性,而语块则介于二者之间,属于表达的半成品。

从构成上来说,对外汉语教学中的语块主要包括多词结构、插入语、框架语、关联词语、习惯搭配形式、口语惯用句式等。其中,多词结构具有一定的完整定型性,但又处于固定语的边缘,如"说的也是、有道理、脸红脖子粗、尽可能"等。插入语是汉语传信范畴所始终的一种手段,在运用功能上,它不仅有陈述性的,如"说实在的、实际上、不瞒你说",也有总结功能的,如"总之、综上所述、一言以蔽之";不仅有引证功能的,如"据调查、据分析、据研究",也有推测功能的,如"由此可见、显而易见、看上去";不仅有阐释功能的,如"以×××为例、这就是说、说到底",也有转述功能的,如"有人说、俗话说、据说"。框架语是指某些有待嵌入具体成分形成短语的一类格式,嵌入之前不是完整的单位,只具有格式和格式义,嵌入之后,则具有词汇意义。例如,"上吐下泻、左顾右盼、东拼西凑、四分五裂、三心二意、连吃带拿、爱理不理、半生不熟、不伦不类、有说有笑、大红大紫、一知半解、空前绝后、欢天喜地"等。关联词语指虚词性的框架结构,如"既……又、即使……也、要么……要么、由于……所以"等。习惯搭配形式也是成对出现的一组词语,与关联词语不同的是,这种形式的语块中至少有一个词为实词,如"向……学习、出于……考虑、当……的时候、别跟……一般见识"。口语惯用句式即在口语中经常使用的句式,如"……可倒好、一……就一……吧、大……天的"。

二、对外汉语词汇教学的地位

从作用的角度看,语音是汉语的物质外壳,语法是汉语的结构规则,而词汇则是汉语的建筑材料,也是语音、语义、语法的载体。由于词汇在汉语中的重要作用,对外汉语词汇教学必然也是对外汉语教学核心,这实际上也是对外汉语词汇教学地位的体现。具体来看,对外汉语词汇教学的地位主要体现在以下几方面。

(一)对外汉语词汇教学与对外汉语语音教学密不可分

语音是语言的物质载体,没有语音就没有语言。语音是人的发音器官发出的代表一定意义的声音。汉语的词语在语音上的任何一点不同都代表了不同的符号,表示不同的意义,即使声韵调完全相同,也有可能是不同的词——同音词。例如,"你—李"的声母不同,词语不同,"男—拿"的韵母不同,词语不同,"汤—糖—躺—烫"的声调不同,词语不同。

语音完全相同而意义不同的同音词的存在是一种极端的情况。由于汉语语音的历史演变以及汉语的类型特点,汉语中的同音词现象非常突出,因此在进行词汇教学时,同音词的辨别是不可不强调的,而同音词是兼及语音和词汇两个方面的,如"要—药、做—坐、树木—数目、越剧—粤剧、攻势—公式"等。

在教学实践过程中,词语教学的第一步往往就是要领读,通过听和读让学生感知词语,使学生建立起语音与意义的正确联系。

综上所述,由于语音是词语的物质载体,语音教学渗透着词汇教学,词汇教学包含着语音教学的成分,所以说语音教学和词汇教学是分不开的。

(二)对外汉语词汇教学与对外汉字教学密切相关

汉字是词语的书面载体,也是词语的视觉信息加工的起点,这就决定了它与对外汉字教学也具有十分密切的关系。对于这一点,北京师范大学汉语国际教育专业导师冯丽萍的研究结果显示:"中文心理词典中存在着字形与词义之间的联接,词汇识别开始于对字形特征的提取,字形加工的结果被传递至意义层次,从而使整词得到识别。"[1]

现代汉字基本上是语素文字,用不同的字形表示不同的意义即语素。语素的音和义也就是汉字的音和义,而语素是构成词语的单位,单音节可成词,语素本身就是一个词。在有些情况下,可以从字形的角度来辨别其中可以有效使用的语素。也因为如此,对外汉字教学和词汇教学可以相互促进。例如,在进行单音节词的教学时,教师可以讲这个汉字的偏旁或部首告诉对外汉语学习者,并指出这些偏旁部首与此的词义语音之间的联系。"栽""载""裁"三个字意义不同,都是形声字,声旁相同使三字读音相近,字形相似,这是造成对外汉语学习者写错字读错音的主要原因;但是三字形旁不同,表明各自的意义类属不同,这对对外汉语学习者识记字形、理解字义和词义是大有益处的。

---

① 冯丽萍.中级汉语水平外国学生的中文词汇识别规律分析.暨南大学华文学院学报,2003(3).

（三）对外汉语词汇教学与对外汉语语法教学紧密相连

现代汉语中包括大量的合成词，且词语的组合与搭配也受汉语语法规则的影响和制约。但汉语语法的运行及其影响毕竟是通过词语这一基本语言材料的组合实现的，因此，对外汉语语法教学不能脱离对外汉语词汇教学，甚至有学者主张语法教学词汇化。"语法教学词汇化"是指把语法现象、语法结构通过词汇的教学方式进行，以词汇教学代替语法教学（语法说明），以词汇教学带动语法教学，"汉语作为第二语言的语法教学，主要不是向学习者灌输语法知识，而是要使他们掌握实际的语法规律，能够正确地运用词语遣词造句，说出和写出语法上合格，语用上得体，语义表达准确的语句。这实际上也决定了汉语作为第二语言语法教学的一些特点：语法教学需要具体化、细化，细化的程度甚至要具体到每个词的用法。"[①] 比如述补短语，尤其是双音节的述补结构适于作词处理，也就是把整个结构当成一个动词来讲解，如"变成""解开""举起""写完"等，"由于动补结构翻译成英语或是一个词或很难对译，词汇化处理似乎学生更容易理解。"可以说，词法的教学也可以通过促进句法的教学来达到推动对外汉语语法教学的目的。

第二节 不同文化模式对汉语文化词语的认识

汉语文化词语作为语言的重要组成部分，蕴含着深刻的文化内涵。而来自非汉语文化语境中的对外汉语学习者在对汉语文化词语的认识受其母文化模式的影响，常会产生一些差异。在这种情况下，教师必须清楚认识不同文化模式对汉语文化词语的认识，以结合对外汉语学习者的文化认知模式开展对外汉语教学。

---

① 曹成龙.谈对外汉语教学中的语序教学.云南师范大学学报（对外汉语教学与研究版），2007(1).

一、文化词语的内涵

通常情况下，文化词语主要包括两种情况。

一种是目的语文化所特有，但母语文化中没有的，主要反映的是目的语文化中的某些特有事物、现象的词语。比如说汉语中的"作揖""岁寒三友""天人合一"等，这些在英语中很难找到完全对等的词语。同样，英语中的"knightliness"（骑士精神）、"sphinx"（狮身人面像）等表示深层文化内涵的词语，也是不容易被普通中国老百姓所理解的。

另一种是目的语中经过长期的历史积淀以及文化渗透所形成的特殊文化词语，他们虽然可以勉强在母语中找到一些与之相对应的词，但原词的"内涵意义""社会意义""情感意义"等却遭到一定的损坏，致使难以用母语完全表达目的语中该词汇的全部含义。例如，汉语中的"竹"虽然也可以在英语中找到"bamboo"，但其在汉语文化中却有着更深刻的含义，英语显然难以完全传达出它的这些文化内涵。具体来看，竹子、姿态优雅、根系发达，用途多样，具有很高的经济价值和生态价值，在物质层面满足了人们的需要。与此同时，我国劳动人民在长期的生产实践和文化生活中，把竹子的生态习性、生物学特征和形态特征总结升华成了一种做人的精神风貌，如虚心、气节等，竹子也逐渐被列入高尚人格和道德的范畴，其内涵已经成为中华民族品格、禀赋和美学的象征。例如，白居易在《养竹记》中总结竹子的品性"本固""性直""心空""节贞"，将其比作贤人君子；刘岩夫在《植竹记》中赋予竹子"刚""柔""忠""义""谦""贤""德"等品格。总之，普普通通的"竹"反映了中国人高尚志趣，凝聚了中华民族仁人志士坚毅、虚心、旷远的文化心理。所以苏东坡就说："宁可食无肉，不可居无竹"，宁肯不吃肉也要有竹子做伴。人们对居住环境都有相当高雅的品位，这是对"竹"的高度评价。而在英语中，"bamboo"仅仅表示的是竹子这种事物，而没有任何关于竹的文化内涵与联想意义。

又如"玉",它的英语对应词虽然"jade"也难以传到出汉语中"玉"的文化内涵。具体来看,"玉"具有十分特殊的意义,"黄金有价玉无价"这是一句极具对比性的判断话语。玉在中国,是一种让人刮目相看的特殊物体,以玉尚美,几乎成为中国美学的脊梁。各个朝代的玉器,虽然数量上有差异,内涵上有转移,品质上有优劣,风格上有不同,但玉的至尊至圣的地位,不但没有丝毫动摇,而且一直扶摇直上,节节攀升。在历史的场合中,玉由具体到抽象,由实物到符号,同时随着儒家思想的介入,它变得更为得到花,成为道德的楷模。同时,玉的透明,也带有公开、公正、公平、清白和无私的文化内涵。因此,"玉无价"便成为中国社会的一个文化认知。然而在英语中,"jade"仅仅表示的是玉这种物质,而无中国的这种文化内涵。

通过以上分析,我们可以看出,文化词语由于包含着其文化语境中的某些深层次文化内涵,因而会通过唤起深埋于人们潜意识中的默写联想和情感,时期产生不同的文化心理感触。而这些隐藏在文化词语内核中的深层次文化内涵对于第二语言学习者而言,显然会产生较大的认知障碍,使他们难以实现有效的双语转化。有鉴于此,对外汉语教学者需要对汉语以及学习者的母语的两种语言文化都进行深入的了解和认识,在借鉴、吸收先辈的教学实践经验的同时,运用现代语言学、文化人类学、社会学、心理学等理论,全面地、深入地、持久地开展汉外词语的比较研究,以促进相互间的文化交流与彼此深入的理解。

二、不同文化模式的对汉语文化词汇的认知分析

从不同的角度可以将文化模式分为不同的类型,例如从地域的视角可以将文化模式分为西方文化模式和东方文化模式,而东方文化模式又因民族的不同可以分为中国文化模式、日本文化模式等。而不同的文化模式对汉语文化词汇的认知也各有不同,下面主要以英语文化模式、日语文化模式和韩语文化模式为例,分析他们对汉语文化词汇的认知。

（一）英语文化模式对汉语文化词汇的认知

众所周知,英语文化模式实际上是一种吸取基督教的文化思想而逐渐形成的神性文化模式,在该模式下,英语文化中的科学、艺术、道德等均与神学密切相关,人们不仅以对上帝的皈依、对天国的向往为最高的理想和追求,而且出于对上帝既敬且畏的情绪以及一系列宗教使命感而进行奋斗。因此有文化内涵的不同,英语文化模式下的个体对汉语文化词汇的认知常常出现各种误差,这些误差主要表现在以下几方面。

1. 由于文化内涵不同而导致的词汇空缺

所谓的词汇空缺就是"由于文化和语言的差异,一种语言有的词在另一种语言中也许没有对应或契合的词"[①]。例如,汉语词汇中的"一国两制""接风""聘礼""同志""养老扶幼""贤妻良母""吐故纳新""封禅""取经""黄帝""尧舜""红眼病""穿小鞋""元宵""节气""端午"等,在英语中都找不到完全意义对等的词语,因而出现词汇空缺现象。

2. 由于词义联想和文化意象不同而导致的语义差异

由于文化模式的不同,不同文化群体在对文化词语的联想意义和比喻形式与内容上会有一定的差异,导致具体的文化词语在异文化模式下所反映的联想意义和社会文化意义难以对等。例如,在汉语文化词语中,"龙"是中国人几千年来一直予以崇拜和幻想的偶像,是炎黄子孙的人文始祖轩辕黄帝为华夏民族创造的"图腾"。它融各部落"图腾"为一体,集蛇身鱼尾狮头鹿角鹰爪于一身,寓意各民族亲如一家,团结一心。从此,这个无所不在、无所不能的"龙",成了中华民族的象征,成了炎黄子孙共同的神圣标志。龙文化,亦即以炎黄历史文化为肇端的,囊括了儒、道、佛

---

① 武欢,王建香.中西文化差异对英汉词汇的影响.中国科技信息,2009(18).

等流派的综合文化现象。正是这种文化孕育了中华民族,塑造了"龙的传人"和中华精魂,也正是这种民族魂支撑的龙的传人维系着中华民族的存续发展,才有了中华民族历史上的辉煌,今天的繁荣以及未来的希望。然而对于英语文化模式而言,西方人对"dragon"却没有中国人这样的文化认知,在他们的思想观念中,龙仅仅是一种能喷烟吐火、凶残可怕的怪物,是灾难的象征。可见,文化模式的差异也会致使其对文化词语的认知出现联想和文化意象的差异,最终造成词义的不对等。

3. 由于文化模式不同而导致文化词语的语义与文化内涵的不同

文化模式不同,对文化词语的词义及其文化内涵的认知也会有一定的差异。以汉语文化词语为例,汉语中"爱人"一词指的是自己的配偶和伴侣,而在英语中,"lover"指的是则是情人。又如"唯心主义"一词在汉语中带有一定的贬义色彩,而在英语中,"idealism"并不存在褒贬色彩。再如,汉语中的"红茶"在英语中应该是"black tea",英语中的"black coffee"在汉语则是"浓咖啡",汉语中的"浓茶"在英语中则是"strong tea"。

(二)日语文化模式对汉语文化词汇的认知

日本是中国一衣带水的邻邦,自古受中国影响较深。例如,日本的文字平假名是由汉字的草书而来,片假名则是由汉字的楷书偏旁而来的。在现代日语中,约 47.5％ 的词汇均为汉语词汇,可见中国文化对日本文化的影响之深。除文字之外,中国的儒学思想等也在传入日本之后,渗透到当代日本人文化生活的方方面面。

然而日本虽然也深受中国文化的影响,但与中国相比,日本是一个由列岛组成的岛国,因中间隔着 200 多千米的朝鲜海峡,从而与欧亚大陆隔绝开来,所以,除了 13 世纪曾遭到蒙古远征军一次未遂的袭击以外,几乎没有受到来自其他民族的任何侵略。相对于中国地大物博、民族迁徙较为常见,日本人长久以来被限定在一个相对狭窄的空间中,较难自然形成强有力的国家意识,从而需要确立凝聚国民精神的国家理念大为不同,在他们身上很容易获得一种共同体意识。另外,大海也成为日本这一岛国与大陆相交的一道天然屏障,因为这道屏障,他们很容易陷入视野狭窄、小肚鸡肠、排斥外来者的所谓"岛国根性"。与命运共同体成员的极度协调精神和对共同体之外者的排斥,构成了日本人"内外有别"的强烈反差,以至于即使在现代日语中,"内"与"外"依旧是规定着日本人两种截然不同行为方式的关键词语。由于这种文化模式的差异,日本人在对汉语文化词语的认知上虽然较西方国家的人群而言,有一定的基础,但也存在一定的认知差异。

具体来看,汉语是表意文字,能够通过视觉理解词义。这是中日汉语词汇的共同点,但是两国语言分别属于孤立语和粘着语,语法结构迥然不同。句式的不同,国情的差异,使两国汉语词汇的用法和词义产生很大分歧。有些词在书写上完全一致,但所表示的意思却天差地远。例如,"白"在汉语中有清白、纯洁的意义,汉语"他是清白的"跟日语"彼はい(他是无罪的)"是同义的。汉语"黑市""黑话""黑车"等中的"黑"有"私下、秘密、非法"的含义,日语中的"黑"则蕴含了"有罪"的意义。所不同的是,"白"在日本备受推崇,代表一种不可思议的力量和神性,甚至成为天子的服装色。婚礼上,女子常穿"白无垢"的白色和服。而在汉语中,白色成为丧服的颜色。又如,日语中的"手纸""野菜""本""路地"等,在汉语里的意思分别是"信""蔬菜""书""胡同",而汉语中的"天井",在日语里的意思是"天棚""天花板"。还有些日语词汇单凭汉字很难猜出词义。例如,"齿磨"表示刷牙、牙刷、牙膏的意思;"味方"表示伙伴、友方的意思,"油断"表示疏忽大意的意思。此外,还有一些词用字颠倒,词义却基奉相同,例如,"運命"表示命运的意思,"融通"表示通融的意思,"平和"表示和平的意思,"部内"表示内部的意思等。

(三)韩语文化模式对汉语文化词汇的认知

历史上中国曾经对日韩两国的文化产生过很大的影响。如果说日本是一个善于吸收并擅长于改造的国家,那么韩国由于地域的关系和历史的原因,在传统文化方面跟中国的传统文化更接近一些,保留的古风也更多一些。例如,在韩国人的家庭生活中,男子、父亲居于中心地位,女性出嫁后要侍奉公婆、相夫教子、恪守妇道,这些都是在中国传统儒家文化的影响下形成的。

不仅韩国文化深受中国文化的影响,而且韩国的语言也深受韩语的影响。据韩国 HANGEUL 学会编纂的《大辞典》(1961)所收录的词条显示,中汉字词占 69.32%,且韩汉同形词又占非常大的比重,如国家、动物、报告、访问、解放、方法等,不仅在读法上与汉语相似,其词义、构词法也与汉语相同。

由于文化差异相对较少,因而韩国人对汉语文化词语的认知障碍也就越小,也更容易产生认同感。例如,在汉语文化词汇中代表吉祥、皇权的龙、代表天神的麒麟,代表多福的"佛手",代表长寿的"桃",代表多子的"石榴",代表喜事的"喜鹊"等均在韩语中也有相同的文化语义。可以说,由于同属于汉字文化圈,再加上过去长期受到中国的影响,韩国人对汉语文化词语的认知相较而言,要准确得多。

第三节　对外汉语词汇教学的方法与技巧分析

一、对外汉语词汇教学的方法

通常情况下,对外汉语词汇教学常常以词汇展示、词汇讲解、词汇练习三个方法进行。在具体的教学实践中,这三个方法也并不是截然分开的,而是经常相互交叉的。因此,这里对对外汉语词汇教学方法的分析,也主要是分析这三种方法。

(一)词汇展示法

所谓的词汇展示法就是在开展对外汉语词汇教学的过程中,

把要教的词汇通过板书、领读等方法介绍给学生,并让学生认读,从而使学生对所要学的词汇的形、音、义有所了解和认识。

在运用这种方法进行对外汉语词汇教学时,教师一定要注意把握好词汇展示的顺序和方法。

1.词汇展示的顺序

通常情况下,对外汉语词汇展示的顺序大多是按照这些词汇在对外汉语教材中出现的先后顺序排列的。为了加强课堂教学过程中各个环节的有序衔接,教师也可以根据教学的需要,对需要展示的词汇加以调整。具体来看,在展示词汇的过程中,常见的词汇排列顺序主要有以下几种。

(1)按词汇在对外汉语教材中出现的顺序排列

大多数情况下,对外汉语词汇中的生词排列都是根据其在对外汉语教材中出现的先后顺序排列的。例如,北京语言大学出版社出版的《汉语教程》第三册中《幸福的感觉》一文中有一段写一个富翁因小时候别人给自己一块糖而感觉到从未有过的幸福,长大后靠着自己的努力成为富翁,之后便广做善事,回报社会,体验第一次吃到糖时的幸福感。根据这一段话,我们便可以将词汇展示的顺序根据文章延展的顺序排列为

曾经　　感动　　(故事)

大款　　(糖)　　感情

(原来)　　穷　　回忆　　当时　　情景

滋味　幸福

(后来)　　富翁　　闻名　　(大善人)

当初　　感激　　善良　　广　　善事　　回报

总之,根据生词在对外汉语教材中出现的先后顺序排列生词,不仅有助于教师以排列好的生词为线索叙述或串讲课文,而且有助于学生以生词作为提示的线索,听教师串讲课文和复述课文。在这里需要注意的是,为了使所排列的词汇与对外汉语教材内容衔接得更加紧密,教师可以再增加一些与内容有密切关系的

重点词,用括号括起来,以与其他生词相区别。

（2）按词群排列

词群实际上就是意义上有共同特点且相互联系的一群词汇,如"叔叔""阿姨""姑姑""姨妈""哥哥""姐姐""弟弟""妹妹""表哥""表姐""表姨""表外甥"等就是一组表示亲属关系的词群。在词汇教学的过程中,教师可以按照词群的性质,将生词予以归类排列,以便加强学生对这些词汇的了解。例如,某篇课文的生词如下:

天气　冷　热　下（雨）　下雪　季节　春天　夏天　运动
秋天　冬天　暖和　游泳　凉快　郊游　滑冰　爬山

根据这些生词的意义特点,我们可以将它们分成多个词群。如:

跟季节有关的词群:春天　夏天　秋天　冬天

跟天气有关的词群:冷　热　暖和　凉快

跟春天有关的词群:春天　暖和　下（雨）　郊游

跟冬天有关的词群:冬天　冷　雪　滑冰

跟夏天有关的词群:热　游泳

跟秋天有关的词群:凉快　爬山

根据以上词群,将生词板书在黑板上,具体排列如表 5-1 所示。

表 5-1　　　　　　　　　　生词排列板书示意

季节	天气	运动
春天	暖和　下（雨）	郊游
夏天	热	游泳
秋天	凉快	爬山
冬天	冷　下雪	滑冰

这样的词汇排列设计,无论是行还是列,都可组成一个词群,如第一列是季节,第二列是天气,第三列是运动;第二行是春天的情况,第三行是夏天的情况,第四行是秋天的情况,第五行是冬天

的情况。如此排列,对学生理解、记忆这些生词都很有好处。

（3）按字的偏旁排列

假如在一篇课文中,同一个偏旁的字出现了多个,我们就可以把它们集中起来进行教学,这样能帮助学生更好地领会汉字偏旁表义的功能,从而更深刻地领会汉语词汇的特点。例如,某一篇课文中出现了"信封""收拾""地址""商量""迎接""打扫""椅子""桌子""衣柜""地板""放""棵""树""满意"这些生词,教师就可以选出带有"扌"和"木"旁的词汇按以下顺序进行教学：

扌	木
一棵	树
打扫	椅子
收拾	桌子
迎接	地板
放	衣柜

在按偏旁排列好这些词汇以后,教师可以告诉学生带提手旁的字一般与手部动作有关,同时告诉他们"收"和"放"的反文旁也表示与手部的动作有关,然后再结合情景、动作具体讲解这几个动作的特点。带木字旁的字则可以就按上述的顺序教。教完以上生词,再教其余的。

2.词汇展示的方法

在充分备课、排列好生词的顺序的基础上,教师就可以在课堂上展示具体的词汇了。一般情况下,教师常用的词汇展示方式主要有以下几种。

（1）领读

领读就是教师将当天所要学习的生词,按照一定的顺序展示在黑板上后,对每个生词做示范朗读,学生跟着教师念,以帮助学生掌握生词的正确读音的一种方法。

（2）听写

听写就是教师念出生词,学生将这一生词写出来的过程。这一方法既可以是教师念一个词让学生写一个词,也可以是教师说一个词的意义,让学生写出该词。例如,可以是教师念"勤劳",学生写"勤劳",也可以是教师说"努力劳动,不怕辛苦",学生写"勤劳"这个词。

(3)认读

认读就是教师请学生集体或轮流认读黑板上的生词,同时适当向学生说明词的形音义的过程。认读时,教师可以请学生集体或轮流按顺序认读黑板上的生词,也可以打乱顺序认读,以检查学生是否真正掌握了词的读音。

(4)用实物或图片、图画展示词汇

用实物或图片、图画展示词汇就是以实物、图片、图画等方式来展示具有较强形象性的生词的一种方法。例如,在学习表示颜色的词汇时,教师可以利用相关的色彩卡片来帮助学生理解"红""绿""蓝""白""紫"等的含义;在学习"大""小",我们可以在黑板上画大小两个圆,旁边分别写上"大""小"两个字。要注意的是,用画图的方式展示生词,画的应该是简图,切勿让图画喧宾夺主。

(二)词汇讲解法

词汇讲解法就是通过向学生讲解词汇的意义及其用法来帮助学生掌握具体词汇的含义,并使其学会使用该词汇的一种方法。因此,在对外汉语词汇教学中,常见的词汇讲解法主要通过对词汇的词义及其用法的讲解得以应用。

1.讲解词汇的词义

一般情况下,对外汉语词汇课堂教学中解释词义主要有四种途径:一是非语言法(形象法),即用非语言的方式对词义进行形象说明;二是母语法,即用学生的母语进行翻译或解释;三是汉语法,即用汉语对词义进行说明和解释;四是猜测法,即通过教师的引导让学生猜测词汇的意义。例如,在学习的入门阶段,从对外汉语学生的角度来说,他们在面对一大堆自己不认识、不熟悉的汉字时,必然会产生畏难情绪,在这种情况下,教师可以运用学生的母语来解释词汇的含义,使学生较快地掌握一些简单的、与母语含义没有差别的词汇,减轻他们在学习上的焦虑和紧张情绪。

此外,对于一些表示具体事物的名词如"黑板""门""粉笔""窗户""书""大楼"等,就可以通过实物、图片、幻灯或肢体语言等形象化的展示来让对外汉语学生理解它们的含义。此外,教师还可以通过尽可能地利用学习者学过的相应的同义词进行解释,以淡化他们对生词的生疏感来讲解词汇,如解释"漂亮",就可以直接用它的近义词"好看"解释。既然同义词解释可以行得通,那么反义词解释也可以运用于词汇讲解的过程中,如"高"和"低"、"上游"和"下游"、"软件"和"硬件"等。但需要注意的是,不能直接在反义词前面加"不"来解释一个词汇的含义,如"饱"和"不饿"并不是完全相同的。汉语中的"我不饿了"的意思,与"我饱了"是不一样的,二者有着程度上的差异。"不饿"只是肚子不空,不是非常想吃东西了,还没有达到"足够"的程度,而"饱"则是已经吃够了,不需要再吃了。这种情况直接说两个词是反义词就已清楚了,学生也容易理解。

2.讲解词汇的用法

进行对外汉语词汇教学,除了要让学生明白词汇的含义,还需要让他们明白相关词汇的用法。具体而言,让学生了解词汇的用法可从以下几方面入手。

(1)词汇搭配

让学生明白词汇的用法可以通过向学生讲解词汇常与哪些词搭配、怎么搭配让学生了解词汇的用法。就汉语词汇的搭配关系来看,词汇常见的搭配关系主要有两种。一种是像讲"吃"这样的动词时,可以引导学生一起与名词搭配成"吃——吃饭、吃力、吃惊、吃苦、吃醋、吃食、吃亏"等。为了避免学生出现错误的搭配,教师可以将与吃有关的错误搭配先写在黑板上,告诉学生这种搭配方式是错误的,以防止他们出现相关的词汇搭配错误。另一种是词与词之间的呼应搭配,如"白花花""金灿灿""胖乎乎""黑黝黝""慢腾腾""沉甸甸"这样的等一些带有双音节词缀的状态词,必须与"的"呼应搭配,比如"这孩子胖乎乎的""这个人慢腾腾的""他的心里沉甸甸的"。

（2）句法功能

句法功能也就是以词汇充当句子成分的能力或者与别的成分搭配的能力。例如,名词一般可以在句子中充当主句,形容词可以充当句子的定语,副词可以充当句子的状语等。

在对外汉语词汇教学中,通过向学生讲解词汇的句法功能也是帮助其更好地掌握词汇用法的一种较为实用的方法。例如,"突然"和"忽然",因为"突然"是形容词,所以它在句中就可以充当谓语,比如说"这件事很突然";"忽然"是副词,只能充当状语,不能充当谓语,不能说"很忽然",只能说"忽然下雨了"。

需要在注意的是,以上的关于"突然"和"忽然"句法功能的区别在初级阶段是不必详细讲给学生的,其中的一些术语也不必教给学生,但作为教师要心中有数,可有意识地通过举例引导学生练习,使他们在实践中掌握所学词汇的用法。

（3）感情色彩

汉语词汇也带有一定的感情色彩,有的词表示褒义,如"英雄""君子""高大""聪明""能干""豁达""坚强""善良"等;而有的词则带有贬义色彩,如"小人""鼠辈""嚼舌根""猥琐""毒辣""懒惰""废物"等,还有一些词是中性词,如"电话""房子""道路""记忆"等。

在对外汉语词汇教学的过程中,教师应引导学生了解词汇的这些感情色彩,以免影响学生正确使用该词,出现这样的句子:

老头子,请帮一下忙。

没想到偷东西的竟然是位大学生。

（4）语体色彩

语体色彩主要指向词汇使用的环境和场合,汉语词汇的语体色彩主要有口头语和书面语两种风格。在对外汉语教学的过程中,教师应引导学生了解在什么场合应使用书面语,在什么场合应使用口头语。例如,同样描述清晨阳光升起的场景,书面语和口头语就有所不同,具体如下:

书面语:清晨的阳光洒满院子,暖洋洋的甚是舒服。

口头语:太阳出来后,院子里就暖和起来了。

(三)词汇练习法

词汇练习法一般是在学生初步掌握了词汇的音、形、义的基础上予以实施的,是通过让学生反复练习、实践词汇的用法,最终熟练掌握词汇。在对外汉语词汇教学中,词汇练习大体可以分成三类:识别词汇的练习、辨别词汇的练习和应用词汇的练习。

1.识别词汇的练习

识别词汇的练习是帮助学生识别、记忆词汇的读音、意义和书写形式的练习。主要有以下方法。

(1)利用实物、图片或者动作让学生说出具体词汇

在对外汉语词汇教学过程中,教师可以在课堂前先准备好学生已经学习过的某些具有较强形象性和指向性的词汇的事物、图片、动作等,然后在课堂上通过对这些实物、图片或者动作的展示,组织学生练习说出具体的词汇,帮助学生记忆。例如,练习汉语数字的识别,教师可以通过做出不同的数字手势,让学生根据教师的手势说出数字。

(2)说出同义词

在对外汉语词汇教学过程中,教师可以先说出一个词汇,然后让学生说出这个词汇的同义词,以便让学生对汉语中成组的同义词进行联想,加深记忆,培养他们对汉语词汇的联想能力,扩大词汇量。例如"美丽"—"漂亮","爸爸"—"父亲"等。

(3)说出反义词

在对外汉语词汇教学过程中,教师可以先说出一个词汇,然后让学生说出这个词汇的反义词。这一联系可以和说出同义词

的练习同时进行。教师可以将词汇写在黑板上或卡片上,练习时,首先让学生说出黑板上或卡片上的词,然后让另一个学生说出同义词或反义词。例如,"安全"—"危险","开"—"关"等。

(4)听义说词

在对外汉语词汇教学过程中,教师可以用汉语说出词汇的意义,或者讲述一个情景,让学生说出表示该意义的词汇。例如,练习"老大爷、司机、理发师"等词汇,可以用以下方法:

教师:年纪大的老年人我们可以怎么称呼他?

学生:老大爷。(老先生、老爷爷、老师傅)

教师:开车的人可以怎么说?

学生:司机。

教师:理发店给你剪头发的人可以称呼他——

学生:理发师。

(5)听词说义

在对外汉语词汇教学过程中,教师可以先说出一个词汇,让学生用汉语解释它的意思。一般来说,教师可以说出一个句子,然后让学生解释句中某个词汇的意义,比如要练习"饮料、开夜车、打(的)",可以:

教师:"他喝了一杯饮料。""饮料"是什么意思?

教师:"过几天就要考试了,他最近经常开夜车。""开夜车"是什么意思?

教师:"他是打的过来的。""打的"的"打"是什么意思?

一些熟语也可以采用这种方式,教师说一个熟语,让学生用汉语解释熟语的意义。

2.辨别词汇的练习

辨别词汇的练习就是结合学生已经学过的词汇知识,对教师所给的语言材料进行辨别、分析,最后让他们做出选择或判断的练习。常见的练习方式主要有以下几种。

（1）选词填空

选词填空主要用于近义词或容易混淆的词汇的辨析练习,是让学生根据句子的具体语境和词汇的不同用法,在所列举的词汇中选择最恰当的词汇填空的练习。在具体的运用过程中,教师可以事先将题目写在黑板上,然后让学生选词填空。例如:

①生命是十分宝贵的,我们都需要＿＿＿＿＿它。

A.爱护　　B.保护　　C.珍惜

②接连忙了三个月,小明回家后一连＿＿＿＿＿三天。

A.睡觉　　B.睡眠　　C.睡

（2）给词汇分类

给词汇分类可以通过让学生根据词汇形音义的特点对词汇进行分类来加深他们对词汇形音义的印象。在具体的运用过程中,教师可以按词汇的特征写出一组同类词汇,其中故意写上一个非同类的词汇,然后让学生辨认,并说出为什么该词不属于同类。例如:

苹果　李子　香蕉　葡萄　西红柿

喜欢　讨厌　喝茶　憎恨　厌烦

（3）修改病句

修改病句可以用来检验学生是否真正掌握了词的意义和用法,一般是教师给学生一组病句,让学生修改。练习时,可以全班一起讨论,找出我,并说明原因,也可以由学生自己独立完成。例如:

老师,我和小明明天有事,咱们不能来上课("咱们"改成"我们",因为"咱们"包括听话人在内。)

他最近越来越肥了。("肥"改成"胖",因为"肥"一般指动物。)

3.应用词汇的练习

应用词汇的练习就是通过词汇的实际运用来帮助学生掌握词汇用法的练习。常见的联系方式主要有以下两种。

（1）词汇搭配

在对外汉语词汇教学中，教师可以先说出一个词汇，然后让学生说出可以与这个词汇搭配的词汇。例如：

教师：发生

学生：发生意外　发生变故　发生口角

教师：喝

学生：喝茶　喝西北风　喝醉

教师：菜

学生：买菜　炒菜　择菜　种菜　野菜

（2）用指定的词汇造句

用词汇造句是词汇练习最基础的训练方法之一，它可以帮助学生尽快掌握具体词汇可以应用于何种语境中，并最终理解相关词汇。但需要注意的是，用制定词汇造句又是一种非常难组织的课堂教学方法。如果仅仅给学生一个词，没有任何情景，学生可能一时想不出句子来，课堂容易冷场，即使有的学生造出句子来了，也很容易出现各种各样的错误，有些错误，教师一点即明，有些错误却可能一时很难讲清楚，这时如果纠正，可能会浪费时间，不纠正，又等于肯定了学生的错误。因此，在造句练习时，教师最好给出一定的提示，以便学生按照教师提示的思路造句，而不用花过多的时间确定要说什么。例如，教师可以根据假设情况或学生的真实情况提出问题，然后请学生用指定的词汇做出回答：

①你什么时候回国？（打算）

②你对北京的印象怎么样？（觉得）

③身体感觉不舒服，应该怎么办？（得）

④他的意见很不合理，让大家很难接受。（难以）

⑤中医看病的时候，首先要仔细地看病人的脸色。（观察）

二、对外汉语词汇教学的技巧

在词汇教学的过程中，词汇的记忆及其使用常常会给学生带来很大的负担。但是词汇在汉语应用中又是十分重要的，且不同的情境与场合下,常常需要运用不同的词汇。因此,在对外汉语学习中,学生们一方面迫切地想学会更多的词汇,另一方面又为汉语词汇的丰富和难用而烦恼,因而觉得词汇学习十分辛苦。在这种情况下,教师若能掌握一些对外汉语词汇教学的技巧,就能充分调动学生学习汉语词汇的积极性,大大提高他们学习的效果。具体来看,对外汉语词汇教学的技巧主要包括以下几方面。

(一)营造良好的课堂教学氛围

对外汉语词汇教学本身是以诸多汉语词汇为教学内容的学习,学生对于汉语词汇的认知及其了解相较中国人而言要弱得多,若教师在教学过程中,一味向学生传授相关词汇知识,很容易让学生产生疲惫感,因此,营造良好的课堂教学氛围是十分重要的,如果课堂气氛是轻松愉快的,处在这种环境中,教师就会精力集中、思路清晰,有时甚至是妙语连珠;学生则积极思维,热情参与,即使一些沉默寡言的学生也会主动配合。

具体来看,要想在对外汉语词汇教学中营造良好的课堂教学氛围,教师首先要有生动的表情,在课堂上要能表演,要手舞足蹈,用手势、动作、表情、语调传神,不要温文尔雅,死板板地站在讲台上,也不下来走走,这样的教师是不会成功的。例如,在讲解"好吃"和"难吃"这两个词时,有的教师就拿出了两份对比鲜明的食物,先吃了好吃的东西,做出陶醉的表演,然后再吃难吃的东西,做出勉强和难受的表演,当学生看到老师的表演后,都发出了会意的笑声,并且很快就记住了这两个词。

其次,教师要表现时需要有适度的夸张,以吸引学生的注意力,引起他们的重视。例如,在讲解"难怪"这个词时,教师可以找班里一个高个子的学生,问他"你的父母个子高吗?"待得到肯定的回答后,教师便可以做出"果然如此"的表情和动作,同时配合点头等的肢体语言,回道"难怪你的个子这么高",并且在回答时故意将"这么"这个词念得很重。这样一来学生便会被教师的表现所吸引,明白"难怪"这个词一般适合用于的情境环境,并且认识到在使用"难怪"这个词时,句子中会出现"那么"这个词。

最后,教师要有幽默的语言,若教师能以幽默的方式和语言将所学传到的词汇知识传递给学生,便能在课堂上营造一种轻松愉悦的氛围,让学生下意识地放松自己,参与到教学活动中来,进而取得良好的教学效果。例如,在讲解"追问"这个词的含义时,一位教师先讲了这样一个笑话:小明的爸爸为了鼓励他好好学习,许诺他如果考了 90 分,就给他买 90 块钱的礼物;如果考了 80 分,就给他买 50 块钱的礼物;如果考了 70 分,就只能给他买 70 块钱的礼物。小明听后,马上追问爸爸:"如果我考了 50 分,你是不是给我买 50 块钱的礼物?"爸爸一怒,竟然想着考 50 分,于是把小明痛揍了一顿。课堂中的学生听到这个笑话都哈哈大笑,笑过之后,他们也明白了"追问"这个词汇的含义。

在这里需要注意的是,开玩笑是常见的一种幽默方式,但一定要注意不能过火,并要尊重别人的民族的习惯,而且开玩笑的对象一定得是平时比较活跃、性格较外向的学生。

(二)巧妙利用课堂游戏

学生要在短时间内学习记忆大量的词汇,一定会感到很疲惫。如果我们在课堂教学中只是讲解、做练习,很快学生就会产生厌倦感。因而,进行一些课堂游戏是很有必要的。课堂游戏既可以调节气氛,也可以帮助他们练习和记忆。例如,在学习了一组描写外貌的词汇后,就可以让每个学生在纸条上写出自己的名字,由教师打乱后分发给学生。每个学生对自己拿到名字的那位同学进行口头或文字的外貌描写。最后让全班同学来猜"他是谁"。还可以请大家来评议,看谁写得最好,最像。又如,在总结归纳了很多反义词之后,也可以和他们玩"反着来"的游戏。如老师说"大",他们用肢体语言表示"小",老师说"哭",他们用表情表示"笑"。依此类推,很多反义词都可以这样进行记忆练习。

(三)创设和学生关系密切的语境

在对外汉语词汇教学中,创设与学生关系密切的语境时一个常用的技巧,教师可以根据所要教授的词汇内容,结合该词汇具体的使用环境、方式等,在解释词汇含义、展示词汇用法等过程中创造具体语境。具体来看,在对外汉语词汇教学中,创设与学生关系密切的语境可以从以下三个方面入手。

首先,教师可以使用某些环境中会使用的一些道具创设具体的语境。例如,在学习"时……时……"这个表示不同现象交替发生的词语时,教师可以利用教室里的电灯,通过连续开关电灯,创设一个语境,让学生回答刚才教室里的电灯发生了什么事,学生便可以做出"时亮时灭""时明时暗"这类的回答,从而不仅了解了这个词语的语义,而且知道他们跟着意义相反的单音节动词或形容词。

其次,教师可以利用课堂中发生的某些事创设具体的情境。例如,在学习"再"和"又"这两个词汇量的时候,课堂上正好出现了一位经常迟到的学生,这时教师就对这位学生说:"你上节课迟到了,这节课又迟到,如果你下节课还迟到,你就要接受我们大家的惩罚。"然后让大家讨论该怎样惩罚这位学生。这种方式不仅直接调动了学生的积极性,活跃了课堂氛围,而且也让大家明白了"再"和"又"这两个词汇的含义和用法。

最后,教师可以结合学生的具体情况创设情境。例如,在学习"成功"这个词时,班级里正好有一个学生在找兼职工作,于是教师就对大家说:"兼职是一个很好的方法,但是怎样才能成功获得兼职机会呢?"然后让大家讨论一下成功获取兼职机会的方法,就这样教师便创设了一个关于"成功应聘"的情境,学生通过讨论与分析,也会明白"成功"的意义。

(四)帮助学生拓展词汇

随着学生学习的不断深入,他们对词汇的要求也日益增加。所以教师在词汇教学时,也要掌握一些拓展词汇的技巧,以此帮助学生更好地积累词汇。有以下几种技巧可供参考。

1. 联想法

人脑平时储存多种语言信息,在一定的新信息的刺激下,人脑机制就会调动起关于这一信息的存储信息。这是一种联想反应。例如,人们在谈到婚礼时,常常会想到"婚纱""戒指""鲜花""宴会"等词汇。所以,教师完全可以在设计情境的过程中,利用联想法,引导学生发挥自己的想象力,联想出与这个情境有关的所有词汇,也是拓展词汇量的一种方法。

2. 归纳法

在学生掌握了一定量的词汇后对一些附加语素进行指导性的归纳和总结是非常必要的。例如,学习了一组带后缀"化"的词汇:"现代化""绿化""美化""丑化""机械化"等,教师不仅要讲解这些词汇的含义和用法,同时还要指出,"化"可以看作是动词兼作名词的标志。这样既可以举一反三,使学生掌握更多词汇,而且还可以帮助他们逐步掌握汉语的构词规律。

3. 衍生法

汉语的词汇和词汇之间存在着密切的联系,同一个语素在词汇中的位置是非常灵活的,因此教师可以利用语素的结合衍生让学生进行联想,以此来拓展学生的词汇量。例如,教师利用学生已经熟悉的"词头接词尾"的方式,让学生开动脑筋,说出大量的词汇。像"间接—接受—受苦—苦难—难过—过节—节日—日历—历史—史诗—诗歌—歌唱—唱片—片断"等。在进行这个活动的同时,既练习记忆了新的词汇,又复习巩固了已学过的词。这样用自然的方法引导学生掌握词汇,既不生硬,也不枯燥,更不会使学生产生厌烦心理,从而也就提高了词汇拓展的效率。

4. 扩展语素法

遇到构词能力很强的语素时,就可以联系过去学过的词汇,扩展出同语素的词汇。例如,教"亲眼"这个词的时候,可以同时回顾以前学过的"亲口""亲手""亲笔""亲身""亲耳""亲自"等词汇,这样学生就可以在回忆的同时学会一串词。

　　总之,教师在进行课堂词汇教学的整个过程中,各种方法技巧都会用到。而且每一种技巧都不是孤立的,而是密切结合在一起。只要随时注意提高自己的基本功,熟练运用教学方法和技巧,相信不仅学生词汇量会得到提高,其运用汉语进行实际交际的能力也会进一步增强。

第六章　跨文化视角下的对外汉语语法教学

　　语法是语言的结构法则,是语言的结构规律。语法教学是对目的语的词组、句子以及话语的组织规律的教学,用以指导言语技能训练并培养正确运用目的语进行交际的能力。因此,掌握语法规则是对外汉语教学的基础。掌握语法规则有利于对汉语的理解和运用。汉语作为第二语言的语法教学不同于理论语法,也不同于汉语作为母语的语法教学。这也是近些年才得到了比较清晰的认识。在汉语作为第二语言的语法教学系统框架下,在实际教学中,教师需要根据特定的教学对象、教学环境和学习者的母语背景来确定语法教学的重点、难点,并采用适当的教学方式。

第一节　对外汉语语法教学的重要性和必要性

　　一直以来,无论哪种教学法,语法教学在第二语言教学里基本都处于中心地位。例如,语法翻译法、听说法、认知法就都很重视语法规则的教学,只是具体做法稍有不同,而且它们还存在一些共同的缺点,即过多地依赖语言的结构形式,不重视语义分析和语用分析,属于句本位,忽视话语的教学。此外,随着功能意念研究的开展、交际教学法的兴起,又出现了忽视语法规则教学的现象。这种现象强调应用,但又放松了对语言结构准确性的要求,把语法教学和交际应用对立起来,从而否定了语法教学的必要性。但是,从社会语言学、语言学、心理学、学习理论的角度来看,对外汉语语法教学是非常有必要的,它对汉语学习者具有重要意义。现在,交际法的创始者也认为不学习语法不可能真正学会一种语言。当然,在如何教语法、语法在语言教学中占多大比重等问题上,仍有不同看法。

一、怀疑、淡化对外汉语语法教学地位的观点

关于在课堂教学中有无必要进行语法教学的文坛,国内外语言教学领域存在不同看法。有的人强调语法教学的必要性和重要性,而有的人则怀疑这种必要性,或主张淡化语法教学。对于后者,有以下三种情况。

(1)S·皮特·科德对语法教学的必要性表示怀疑。他曾在《应用语言学导论》一书中说,"讲授语法规则是不是有利于说出合乎语法的话语,这确实是语言教学心理学的一个争论问题",按心理学的要求来说,教语法是应当的,而从语言学角度来说则"不一定"[①]。

(2)有人主张用幼儿习得母语的办法来学习第二语言。1987年,我国翻译出版了由美国语言学家罗勃特·W·布莱尔编著的《外语教学新方法》。这本书收集了15位作者的21篇文章,系统介绍了十几种语言的教学方法和理论。其中有的文章就主张用幼儿习得母语的方法来学习第二语言。例如,斯蒂芬·克拉申就在《语言教学中的理论与实践》一文中指出,成人可以通过"习得",即下意识的、日常的、暗含的学习,以及有意识的语言学习来进行第二语言的学习。"我们经过几年研究得出的结论是:习得是首要的,远远比我们想象的要重要。而学习实际上是辅助性的"[②]。幼儿习得母语是不需要专门学习语法规则的,更不需要有人专门对他讲授语法。成人用幼儿习得母语的办法来学习第二语言,也就没有必要在课堂教学中进行语法教学了。因此,斯蒂芬·克拉申又进一步指出:"课堂是供习得用的,学习在别处进

---

①　[英]S·皮特·科德著,上海外国语学院外国语言文学研究所译.应用语言学导论.上海:上海外语教育出版社,1983:13.

②　[美]罗勃特·W·布莱尔编著,许毅译.外语教学新方法.北京:北京语言学院出版社,1987:23.

行。课堂的功能是为学生提供可懂输入，课堂上从来不讲语法。"①

（3）在对外汉语教学界，也有人主张淡化语法教学。随着教学原则和教学方法的变化，语法教学在对外汉语教学的中心位置逐渐淡出。对外汉语教学法引入国外功能意念概念和交际概念，寻求结构与功能的有机结合，其中心原则就是交际性原则。语法教学不可能还像以结构为纲那样系统，本身就已在"淡化"。也有的人认为，在汉语教学入门阶段，没有必要讲那些容易的语法点，而难的语法点在语言学界都没有取得共识，在对外汉语教学界更讲不清楚。因此，多讲还不如少讲。而且语法本身就比较枯燥、乏味，很多教师不感兴趣，了解甚少。另外，近年要求淡化中学语法教学的呼声也很高，有的专家甚至认为"教语文大讲语法是错误的"②。这种主张也对对外汉语的语法教学产生了影响。

对于以上观点，当然不能简单地否定或肯定，毕竟语言教学有理论问题，更是一个实践问题，需要得到实践的验证。从理论上说，到目前为止，人们对于人是如何习得母语和学会第二语言的，还研究得不够多。但是，对语法教学的重要性、必要性的肯定态度仍然是占主流地位的。

二、强调对外汉语语法教学地位的观点

语言学界还是有很多观点认为对外汉语语法教学是非常有必要的，并从下列几个方面说明语法教学的重要地位。

（1）从社会语言学的角度看，掌握所学语言的语法规则，是培养语言交际能力的基础。语言交际能力包括语言能力、社会语言学能力、话语能力、交际策略。这四方面的能力，语言能力是基础。这里所说的语言能力，包括语音、正字法、词汇、语法、语义知识和听、说、读、写技巧等。而语音、语法、词汇是基础的基础。所

---

① ［美］罗勃特·W·布莱尔编著，许毅译.外语教学新方法.北京:北京语言学院出版社，1987:41.

② 王培光.中学中文教学论集(增订本).香港:香港中国语文学会，1988:8.

以学者赵元任说"学习外国语的内容分成发音、语法跟词汇三个主要的部分"①，并认为语法是影响全体的东西。

通俗地讲，要习得第二语言并能用以进行社会交际，起码要掌握所学语言的语音系统，正确地发音；掌握所学语言的语法规则，能听懂和理解别人所说的话，并能够创造出可以被接受的句子；掌握一定数量的词汇；在特定的交际环境中知道如何正确、得体地运用语言材料；具有使用第二语言进行交际所具备的社会文化背景知识。简言之，掌握语法规则是获得第二语言交际能力的基本条件之一。

（2）从语言学的角度看，语言是受规则支配的符号系统。这规则就包括语法。语法对语言有制约作用。语言是由词组成的线性序列，这些序列不是任意组合的，而是按规则组合的。由词组成的句子有很多，而且变化很多，尽管如此，"本语言社团成员听起来并不困难，这是因为凡是句子就有语法，也即是有为本语言社团所共同接受的规则"②。因此，有的学者指出，"语言就是单位和规则。这些单位和规则是社会的现实，……个人必须学习它，掌握它"③。

从语言本身的性质来说，人类掌握语言，就必须掌握规则，即掌握语法知识。再从语言规则和句子的关系来看，规则是有限的，而句子是无限的。因此，学习语言不可能一句一句地学，而是要掌握语法规则，然后运用这些规则去生成或创造出无限的句子。德国语言学家洪堡特曾说："语言绝不是产品，而是一种创造活动。"④这是语言本身的特点。从人掌握语言的过程来看，掌握并运用规则去创造所需要的无限多的句子，用以进行社会交际，这是最经济的也是唯一可行的办法。S·皮特·科德也说："我们

---

① 赵元任.语言问题.北京:商务印书馆,1980:156、158.

② 中国大百科全书《语言文字》编辑委员会.中国大百科全书·语言文字.北京:中国大百科全书出版社,1991:467.

③ 伍铁平.普通语言学纲要.北京:高等教育出版社,1993:13.

④ [德]洪堡特著,姚小平译.论人类语言结构的差异及其对人类精神发展的影响.北京:商务印书馆,1997:54.

无论如何也不可能在我们的头脑里保存一个包括某一语言所有句子的清单。"①无论成人学习第二语言还是幼儿习得母语，都要掌握所学语言的规则系统并使其内在化。

（3）从心理学或心理语言学的角度看，与幼儿习得母语不同，成人学习第二语言更需要语言理论知识的指导。目前，人们对母语习得和第二语言学习的内在规律还不是很透彻，相关的研究理论也多为一些假设。既然是假设，不同的学派就有不同的主张。比如，有关幼儿习得母语的假设就有先天能力论、环境论、认知基础论等。关于外语学习的理论也是多种多样，有听说习惯形成论、认知符号学习论、自觉实践学习论等。这些观点表述各有不同，但其共同点在于都没有把母语习得和外语学习等同起来。

根据目前研究的情况来看，普遍认为母语习得和第二语言学习有着不同的特点。第一，性质不同。据 S·皮特·科德在其《应用语言学导论》(1983)中介绍，有人认为第二语言学习和母语习得是两种不同的过程，因为学习第二语言的人和幼儿是两种不同的人。与幼儿相比，学习第二语言的人的生理状况和心理状况已经发生了某些质的变化，这种变化在一定程度上使其无法继续使用在幼儿时期使用的方法学习第二语言。所有生理发育正常的儿童，一般到了 4～5 岁，不经任何正式训练都能顺利地掌握母语。如果在此期间没有习得语言，要想在以后某一阶段习得就会困难得多，因此第二语言学习也就相对困难了。这些现象说明，从学习语言的角度看，幼儿和成年人在生理和心理方面有很大的差异，因此要采用不同的学习语言的方式方法。还有人认为，第二语言教学不是教语言本身，而是教某种新的语言表现形式。也就是说，学习第二语言的人已经习得了语言，他已经知道如何使用语言进行社会交际，学习第二语言是学习一种新的方式来做他已经会做的事。这显然异于幼儿习得母语的性质。第二，动机、环境、方式不同。幼儿习得母语，一般谈不上有什么动机。学习

---

① [英]S·皮特·科德著,上海外国语学院外国语言文学研究所译.应用语言学导论.上海:上海外语教育出版社,1983:103.

第二语言的人则有一定的动机,总是根据以后跟所学语言的社团成员进行交往的需要而确定自己的学习内容和目标。幼儿是在自然的环境中习得母语的,可以不经过任何正式的训练。第二语言学习则不同,除双语社会中的双语现象外,一般要经过专门学习。幼儿习得语言是与智力发展同步的。而学习第二语言的人,其智力发展一般已经成熟,其第二语言的学习不是跟智力同步发展的,通常是智力远远超出第二语言水平段。而且学习第二语言的人,其文化修养相差很大,有青少年,有大学生,甚至有专家、教授。这些人学习第二语言,其方式不可能跟幼儿习得母语一样。

幼儿习得语言有明显的阶段性和次序性。据心理语言学研究,幼儿语言发展的阶段性表现为:约从第 5 周开始有反射性发声;半岁左右能发与语言相似的声音;9 个月左右出现咿呀语;1 至 1 岁半能说出有意义的单词,然后出现单词句;1 岁半至 2 岁出现所谓的电报句,然后出现完整的句子,再由简单句到复杂句,等等。句子的理解和词的使用和理解,也是分阶段逐步发展的。幼儿习得语言不仅有阶段性,而且有次序性。拿句法发展为例,整个次序是:单词句→电报句→简单句→复杂句→复合句。

关于成人学习第二语言有无阶段性和次序性的问题,学界也没有定论,但即使有,"其阶段性和次序性跟幼儿也不一样"[1]。拿阶段性来说,有人认为成人学习第二语言有一个从不完善到完善的过程。在这个过程之中存在一种介乎母语和目的语之间的中介语。但关于这个中介语的状况、规律等,也还在研究之中。假设这种理论是成立的,这跟幼儿习语所表现出来的阶段性也不会相同。再拿次序性来说,假设成人学习第二语言也有难易次序,但也不会像幼儿一样从单词句开始,然后再逐步过渡到复杂句和复合句。成人不是从头开始习得语言,而是在智力相当发达、已经知道如何使用语言的基础上试图改变或扩充原有的技能和知识。通俗一点儿说,就是要学会用所学语言的词语和句法规则来

---

① 程棠.对外汉语教学目的、原则、方法(第 2 版).北京:北京语言大学出版社,2008:135.

表达原来已经会用母语表达的内容。

（4）从学习理论的角度看，意义学习的效果比机械学习好。心理学家曾就意义学习和机械学习的效果进行过许多对比实验。结果表明，意义学习在掌握材料的全面性、精确性和巩固性以及速度等方面都比机械学习好。在各种语言教学法流派中，就是否要以理解为前提进行外语学习的分歧是很明显的。比如听说教学法，"从会话入手，以句型操练为主，在课堂教学里排斥本族语，不讲语法规则。听说教学法强调模仿、强记、大量练习，以达到过度学习的地步。"①认知教学法的倡导者认为："第二语言是一种知识的整体，外语教学主要是通过对它的各种语音、语法和词汇形式的学习和分析，从而对这些形式获得有意识地控制的过程。"②可见，认知法强调对语言结构的学习、分析和控制，强调把理解作为第二语言学习的前提。听说教学法和认知教学法都在使用，不能说哪个效果更好，很多实验结果的数据也只能作为参考。因为第二语言教学的因素非常复杂，在其中起作用的并影响教学效果的不仅仅是教学法这一种因素。但是，如果把意义学习的理论和方法作为一种因素来考虑，它显然是有利于第二语言学习的。

基于以上认识，在对外汉语教学中应该重视语法教学，这是一个原则问题。当然，这也并不是主张在第二语言教学中大讲特讲语法知识，而是要根据第二语言学习的规律和特点进行语法教学。另外，要注意，第二语言教学的目的是培养语言交际能力，对语法规则的教学也就是为了培养学生的语言交际能力。掌握语法规则是手段不是目的。

---

① 桂诗春.心理语言学.上海：上海外语教育出版社,1985:237.
② 桂诗春.心理语言学.上海：上海外语教育出版社,1985:240.

第二节　外国学生汉语语法偏误与对外汉语教学的原则分析

　　"偏误"是以目的语为标准表现出来的错误,这种现象属于第二语言教学中学习者语言系统中的一个组成部分,是学习者积极地对语言体系进行判断、对语言材料进行归纳并试图使之规范的创造语言过程。所以,在语法教学中,教师应针对外国学生者学习汉语出现的语法偏误现象,充分利用负面证据的激活作用,按规律、成系统地解决学习中的偏误问题。在此过程中,也要注意结合对外汉语语法教学原则进行分析。

一、外国学生学习汉语的语法偏误分析

　　偏误往往反映了学生中介语系统或某些负迁移现象。因此,有针对性地向外国学生讲解学习汉语语法偏误的有关规则,可以了解学生的中介语系统或某些负迁移的规律,从而让学生知道在某种特定情境下说什么,该怎么说。偏误分析应遵循以下几个步骤。第一步,准确地层层分类,即对经筛选确立下来的每个偏误项目的所有实例进行再分类。第二步,描写,即抽象概括所分出来的类在意义上和结构上的共同点。第三步,正误对比,即找出该语义内容在汉语里的正确结构规则。偏误分析能够解决对比分析无力解释的一些偏误现象,它始终贯穿于对外汉语教学语法中。

　　以下主要选取学者孙德金主编的《对外汉语语法及语法教学研究》(2012)中关于外国留学生学习汉语情况的统计材料,以对语法偏误进行简要的论述。《对外汉语语法及语法教学研究》一书第七章就17类比较句句式的使用频率将本族人跟外国学生使用情况进行对比。一般而言,句式的正确使用频次或正确使用相对频率越高,那么,就越容易、越早习得。这相关的计算方法,即

"各句式在各学时等级上的正确使用相对频率＝各句式在各学时等级上的正确使用频次/某学时等级上句式的出现频次之和"[①]。根据这种计算方法,《对外汉语语法及语法教学研究》一书统计了中山大学部分留学生约 11 万字作文中 10 多类句式的出现频率和正确使用相对频率,其统计结果的相关数据如表 6-1 所示。

表 6-1　　中国人、留学生 10 多类比较句式出现频率和留学生的正确使用相对频率调查结果[②]

比较句式类型		母语使用者			第二语言学习者					
		样本总量	出现频次	出现频率	样本总量	出现频次	出现频率	正确用频次	正确使用相对频率	偏误相对比率
1	跟……一样	10 万	7 例	0.7	11 万	71 例	6.45	68 例	38.2	1.69
2	像……	10 万	9 例	0.9	11 万	13 例	1.18	10 例	5.62	1.69
3	有……	10 万	0 例	0	11 万	0 例	0	0 例	0	0
6—9	一般比字句	10 万	16 例	1.6	11 万	32 例	2.91	30 例	16.85	1.12
10—13	度量比字句	10 万	2 例	0.2	11 万	30 例	2.72	24 例	13.48	3.37
14、15	预设比字句	10 万	9 例	0.9	11 万	18 例	1.63	17 例	9.55	0.56
16	不比句	10 万	3 例	0.3	11 万	1 例	0.09	1 例	0.56	0
17	特殊比字句	10 万	1 例	0.1	11 万	7 例	0.64	5 例	2.81	1.12
18	不如/比不上	10 万	6 例	0.6	11 万	1 例	0.09	1 例	0.56	0
19	没有……	10 万	0 例	0	11 万	5 例	0.45	4 例	2.25	0.56
总计		10 万	53 例	5.30	11 万	178 例	16.18	160 例	89.89	10.11

注:表中"出现频率"是万分位的,"正确使用相对频率"和"偏误相对比率"是百分位的。

由表 6-1 可知,母语使用者比较句的出现频率排序为(由高到低):

[①]　施家炜.外国留学生 22 类现代汉语句式的习得顺序研究.世界话语教学,1998(4).

[②]　孙德金.对外汉语语法及语法教学研究.北京:商务印书馆,2012:524.

句式 6—9＞2、14、15＞1＞18＞16＞10—13＞17＞3、19

留学生比较句的出现频率排序（由高到低）：

句式 1＞6—9＞10—13＞14、15＞2＞17＞19＞16、18＞3

由排序可以看出，留学生比较句出现频率和正确使用的相对频率的排序一致，印证了"容易的语法点使用得多，且掌握的正确率高"。

与中国人不同的是，留学生"跟……一样"的使用率远高于"一般比字句"，"度量比字句"的使用率又大大超出"预设比字句"。可见除交际需要外，决定留学生使用频率的另一个重要原因是认知难度。

《对外汉语语法及语法教学研究》一书还就进修汉语留学生的看图写话作业、联词成句作业、完成句子作业中的语法使用进行了调查，调查对象均为初级、中级一、中级二、高级班的留学生。

看图写话作业调查涉及句式有"最""A 比 B＋形""A 比 B＋动补""A 比 B＋动宾补""精确度量""模糊度量""复杂度量""预设比字句""不比""不如/比不上""没有……"，调查结果显示，偏误率最高的是"A 比 B＋形""复杂度量"。"A 比 B＋形"的偏误多是因为"比"字句否定式使用混乱，偏误较多。有的受母语影响对形容词进行否定，有的混用了"没有""不比"。偏误率最高的句式说明该句式难度大，宜放到较后阶段教学。"最"正确率最高，初级到高级只有一个偏误。

联词成句作业调查考察留学生使用度量"比"字句和"比"字句复杂形式的情况。结果显示，"精确度量"正确率很高，可见，精确度量句难度明显低于模糊度量句。因此，在对外汉语语法教学中，应精确度量句先出一段时间，再出模糊度量句。

完成句子作业调查考察留学生对"不比"是否有回避现象。从使用人数、句子及正确率的情况来看，留学生远远少于中国人，中二刚学过"不比"，所以使用人数和句子比率略高于高级，但正确率却比高级低。比较来看，中国人觉得最该应用"不比"的语言环境，外国学生却缺乏相应的语感，"不比"使用率相当低。而在中国人未用"不比"的语言环境、句式中,中一、中二却有不少人用了"不比"。可见,"不比"句难度比一般"比字句"和其他差比否定式高得多。

二、对外汉语语法教学原则

对外汉语语法教学应坚持实践性、实用、简化、对比、偏误分析,以及句法、语义、语用相结合的原则。

(一)实践性原则

学习一种语言,其目的就是为了使用它、实践它。因此,任何一种外语教学都要以培养交际能力为首要原则。实践性原则,具体到对外汉语语法教学,就是为了让学生习得语法规则,并使得学生懂得运用语法规则去表情达意,完成一定的交际任务。因此,对外汉语语法教学不能简单停留在语法规则的教学层面,不单单是教句子的语法,还要教句子的意义和用法。在课堂教学中,不应单纯向学生展示某个语法项目,而应该在展示语法项目的基础上进行语义分析,说明语用条件,为学生创设相应的真实的交际语境。所编选的例句,应该与学生的日常生活、学习、交际密切相关,让学生即学即用。正如前文一再强调的,语法教学服务于交际,教师不应只是向学生展示语法理论知识,重要的是教学生在交际如何正确使用语法规则。很显然,如果不遵循实践性原则,对外汉语语法教学的方向就会发生偏差,也就偏离了对外汉语教学的根本目标。

(二)实用原则

实用原则和实践性原则大同小异,但前者主要体现在对教学内容的选择上。对于第二语言学习者来说,最容易发生偏误的部分,也就最具有教学价值,这些内容也就应该被选入教学计划中。基本性和常用性的内容,使用上的适用条件和限制条件,很具有针对性,因此也是语法教学注意选择的。一般来说,越是能体现汉语语法特点的内容,留学生也就越不容易掌握。例如,实词的重点难点是动词的搭配问题,虚词的重点难点虚词的意义、用法问题,离合词的重点难点固定词组的问题。语序、多项主语、多项状语、各类补语的用法、特殊句型、多重复句的语义关系等问题都是学生的难点,也就是语法教学的重点。

(三)简化原则

汉语语法知识内容比较复杂、抽象,因此在教学中要注意将其做一些必要的处理,使之简洁、浅明、感性。同时,也要尽量使教学语言浅显、具体,少用术语概念。对于一些研究得比较深、较难的语法问题,教师应该要想方设法使用那些使学生能够理解、接受、通俗的语言讲出来,并要采用恰当的方法让学生懂得运用。当然,要做到这些也并不容易。对此,教师应该深入研究汉语语言本体,对汉语的研究要经历反复咀嚼和内化的过程,然后才能科学地浅化和简化所教的语法知识内容,才能条理化、公式化、图示化地展示语法项目,才能层级化、合理化地取舍语法内容,才能简省化、具象化地处理学术概念和定义。为切中对外汉语语法教学的要害,准确把握汉语语法的特点和学生的学习难点,教师必须要深入研究汉语语法知识。

(四)对比原则

对比原则,就是将相关语法项目(词类、结构、句型、功能、关系等)进行比较。

不同的语言,对客观经验的编码方式也多有不同。语言的使用者,长期受母语的影响,在学习第二语言时,也总会自觉或不自觉用母语所提供的不同范畴去区别和辨认经验。因此,外语学习者常忽略或无法注意到第一语言的人经常注意的那些差异。这些差异代表了不同的认识经验、思维方式,即语言间的不同点,实际上也是第二语言学习者的真正难点。因此,对外汉语语法教学应该遵循对比原则。

　　在对外汉语语法教学中,母语与汉语相近现象、汉语与母语某相对形式、汉语正确形式与错误形式等一般都是需要进行对比的知识点。教师应该根据学生的中介语系统情况和负迁移规律,预测学生可能出现的问题,通过对比、比较的方法把问题讲明白,减少、纠正学生的错误。

　　需要指出的是,在对外汉语语法教学中,对比的教学方法只是在必要的情况下进行一点儿点拨式的对比,以使学生尽快领会,但不可作为主要教学方法使用。

(五)偏误分析原则

　　"偏误"是学习者在使用第二语言时不自觉地对目的语的偏离,一般是成系统的、有规律的。因此,在对外汉语语法教学中,教师应积极探索学生偏误的规律,充分利用负面证据的激活作用,有效纠正学生错误。针对偏误讲解汉语使用的有关规则,让学生懂得"不应该怎样说"或者"怎样说不合适"。对比分析无力解释的一些偏误现象,通过偏误分析可以得到有效解决,因此偏误分析原则应该贯穿对外汉语教学语法始终。

(六)句法、语义、语用相结合的原则

　　句法、语义、语用构成了一个句子的三个平面。严格意义上讲,一个完全实现了交际的句子,它必定包含了一定的交际意图,说话人为实现这个意图,句子内容词项之间必然会包含着某种语义关系,并需要通过特定的句法结构表现出来。因此,句法、语义、语用在一个实现了交际的句子的语法分析中都是很有价值的,但又都是不自足的。要对某个句子的语法进行充分的描写和解释,把问题研究深、研究透,不单要就一个平面进行分析,还要将三个平面结合起来进行分析,进行透视。

　　在过去很长一段时间里,对外汉语的语法教学只注重语法知识的讲授,对句子的分析多是静态的,偏重句型的操练,而与句法相关的其他问题则没有受到重视。例如,在交际中如何使用汉

语,如何通过汉语的语言形式去理解交际中的一些特定意义等。因此,也就经常出现这样的奇怪现象,学生造出的句子完全合乎语法规则,但实际上并不符合汉语的语言表达习惯,或者不符合逻辑,或者不符合中国社会的文化心理,甚至不符合说话人的身份,与时间、地点、情境是不协调的。例如:

把水喝在口中。

老师,这杯茶很热,冷一冷再喝吧。

那只鸡很胖。

他唱歌很好和他跳舞也很好。

老人(的病)不太好了。

老师很尊敬他的学生。

爷爷长得跟爸爸一样。

这些句子的句法结构都没什么毛病,但在用语习惯、逻辑、文化心理、身份等方面是不相符的。这些情况也反映了语法教学中只注重句法结构的展示、分析,忽视学生对语义、语用知识的理解和掌握。学生不了解语义、语用知识,在交际中就不能达到交际目的,从而也就显然影响了学生交际技能的发展。因此,在对外汉语语法教学中,很有必要将句法、语义、语用三方面结合起来进行教学。

以下专门说说语义分析、语用分析。

语义分析在不同的阶段,对不同水平的学生,其教学内容有所不同。在初级阶段,主要是词句的基本意义。在中高级阶段,主要分析的是词句的色彩意义。汉语的实词既有词汇义,又有语法义。其中,语法义是作为词类而言的。对实词在语义分析的基础上划分小类,更容易让学生理解、掌握。以数词为例,在初级阶段,学生主要学习如何使用整数、分数、小数、倍数以及概数等来表达数目,用序数来表达次序等数词的基本用法。中高级阶段学习的则是数词的活用,如表示"多"的数词的虚指用法:"三番五次""三思而行""四面八方""五谷丰登""六亲不认""七窍生烟""八面玲珑""九死一生"等。通过语义分析将这些数词归类,可以使学生更快理解其意义和用法。其他如量词、形容词等的学习也是如此。

对句子的语义分析主要是揭示句子成分之间的种种语义关系以及不同的语义指向、语义制约等。例如，"奶奶当选了居委会主任"，学生没有理解透彻"当选"这一个词，造出了"他的奶奶被大家当选成了居委会主任"这样的句子。此时，教师就向学生仔细分析句子语义：大家"选"，他的奶奶"当"居委会主任，所以是"当选"。还有，名词在句中有一定的语义规定性、指向性，或者是施事，或者是受事，或者表示处所、时间、结果、目的等。句子的状语也有语义指向问题，如"这几个景点她都游览过了""这几个景点她们都游览过了"。状语"都"在第一句里的语义指向是受事"这几个景点"，在第二句里的语义指向则是施事"她们"。

语用指的是在什么情况下，如何使用语言进行有效的交际。语用分析涉及语法规则之外的东西，如交际语境、表达心理、话题与评论、言外之意、交际礼仪等。句法结构也许很容易被学生理解、掌握，但语义和语用受到语境的影响、制约，更是学生要理解、掌握的。很显然，现实交际都处于一定的语境中进行，词语、句子甚至语段的形式和意义都是由语境决定的。因此，要让学生理解并恰当使用某一个词语、句子，必须要一定的语境作为支持。只有处在一定的语境中，才能了解交际对象和交际动机，明白说话人的真实意图。中国人的认知结构中早已建立了汉语话语与相关语境的联系，而对于留学生来说，这种联系还没有或正在建立。因此，对外汉语语法教学的任务之一就是在留学生头脑中建立汉语话语与语境之间的联系。

语用分析还包括指出某些形式的言外之意。语气助词"了"就有一个信息提示的语用功能。"都30岁的人了"发出了"30岁了"的信息，但表达的意向有多种，表示"到了结婚的年龄而没有结婚""一事无成""不懂礼貌，言行不当"等，具体意向由语境决定。

在中高级阶段，语用分析还用于辨析同义结构在不同场合及其表达的不同含义。同义结构存在语义差异,也涉及语境、交际对象对话题的共知程度、社交背景等语用问题。例如,问"哪里去"这个话题,当问话人不带任何感情色彩时,就说:"你往哪里去?"如果问话人辈分、地位较高而且表示不满、生气时,则会不耐烦或声色俱厉地问:"你又要到哪里去?"如果表示一种关心时,则会轻柔地问:"你往哪里去呀?"由此可见,人们在交际中的表达是否正确、得体,不仅取决于词语的基本意义,还取决于说话人交际的目的、场合和心理。

总之,语用分析可以帮助学生在交际中选择语言达到得体恰当,并符合中国人表达习惯。

除上述原则以外,还有重视句型的原则、启发性原则、直观性原则,以及趣味性原则等具体性原则,限于篇幅,这里不再展开。

第三节　对外汉语语法教学的方法与技巧分析

对外汉语语法教学的方法与技巧多种多样。从第二语言教学的历史看,语法教学的方法大致可分为基本方法和课堂的讲练策略。其中基本方法就有演绎法、归纳法、类比法、引导性发现法。教学技巧则有展示语法点、解释语法点、语法点练习方面的技巧。采取什么样的教学方法和技巧,主要取决于学习者、学习环境、某一语法项目的特点以及课程设计的不同情况等。

一、对外汉语语法教学的方法

(一)基本方法

对外汉语语法教学的基本方法有演绎法、归纳法、类比法、引导性发现法。

1. 演绎法

演绎法由一般性的原理(或叫前提),推出特殊性的结论。演绎法的基本形式是三段论。在语法教学中,演绎法的具体应用就是先讲解语法知识、语法规则,然后再举相应的例子,最后让学生按照规则进行实际的操练和应用。这是一个从一般到具体的过程。演绎法适用于比较复杂的语法规则,并且对于成年人较常使用。例如,教"把"字句时,先告诉学生"把"字句的谓语动词后一般要有其他成分,然后让学生做一些完句联系、改错练习,以强化学生对这一条规则的认识。

又如,使用演绎法讲存现句。第一步先讲授存现句的定义:表示某处存在着某人或物,以及某人或物消失于某处的句子。

第二步举例子:

A. a. 箱子里有几个苹果。

　　b. 屋顶上有一个羽毛球。

B. a. 菜地里长出一棵白菜。

　　b. 洞口跑出来一只老鼠。

C. a. 天上飞过一架飞机。

　　b. 笼子里逃走了一只兔子。

第三步说明:A 组句子表示存在,B 组句子表示出现,C 组句子表示消失,这样的句子就叫存现句。

2. 归纳法

归纳法与演绎法相反,它从特殊性的前提,推出一般性的结论的推理。在语法教学中,归纳法的具体应用就是先举出一些学生熟悉的例子,然后再对例子进行总结,得出语法规则,向学生展示。直接法和听说法一般使用这种方法。例如,汉语虚词"就""才"等的意义和用法,可以先通过课文让学生多接触,等学生有了一定语感或感悟后,再进行总结提炼。又如,用归纳法讲"是"字句的肯定形式、否定形式时,第一步先举例子:

A. 这是大米。

B. 我是工人。

C. 小姐是韩国人。

D. 她不是我妹妹。

E. 昨天不是星期六。

F. 这不是他的外套。

第二步，从上面六个句子总结出："是"字句的肯定形式是"甲是乙"，否定形式是"甲不是乙"。

3. 类比法

类比法即由一类事物所共有的某种属性，可以推测与其类似的事物也应具有这种属性的推理方法。通过类比法的应用，语法规则可以归结为若干句型，句型又可以具体化为一些范句。先让学生接触、熟悉范句，然后根据范句进行模仿练习。因此类比法也叫句型法，如常见的句型替换练习。例如，在讲动宾式的离合词的结构特点时，可以使用类比法，将动宾词组与动宾式的离合词进行类比。先向学生讲授动宾词组的构成方法"V＋O"，并举例："走路""看电视""吃饭""喝水""骑车""打电话"。向学生讲清楚这些词后面都不能再有宾语，因为它们本身就是一个动宾词组。动宾式的离合词构成方法也是 V＋O 式，所以，动宾式的离合词后面一般也不能再带宾语（个别动宾式离合词除外）。此外，动宾式的离合词分可"离"和不可"离"的情况，如"烧饼""跑鞋""跳棋""有机""保价""编年""超级"是不可"离"的；"吃饭""吃斋"是可"离"的。

4. 引导性的发现法

引导性的发现法通过提问学生，引导其进行分析、归纳、类推，自发地发现、总结相关语法规则。引导性的发现法在语法教学中比较常见。例如，"是……的"句的用法有很多，其中的一种用法是"着重指出动作发生的时间、地点、方式、目的等内容"。利用引导性的发现法讲解这种用法时可分两步完成。第一步,老师设置一个简单的完成时的句子,然后一步步提问,请学生回答。

教师板书:汤姆同学来中国了。(汤姆来自美国)

教师提问:请加上时间。

学生回答:汤姆同学今天来中国了。

教师:汤姆同学是什么时候来中国的?("是""的"重读)

学生:今天。

教师:请说完整的句子。

学生:汤姆同学是今天来中国的。

(教师板书这个句子)

教师:汤姆同学是从哪儿来中国的?

学生:汤姆同学是从美国来中国的。

(教师板书这个句子)

教师:汤姆同学是坐船来中国的吗?

学生:不是,汤姆同学是坐飞机来中国的。

(教师板书这个句子)

教师:汤姆同学是为了工作来中国的吗?

学生:不是,汤姆同学是为了学汉语来中国的。

(教师板书这个句子)

第二步,引导学生寻找语法规则。

教师:好,现在我们一起看你们刚才说的句子。

汤姆同学来中国了。

A. 汤姆同学是今天来中国的。

B. 汤姆同学是从美国来中国的。

C. 汤姆同学是坐飞机来中国的。

D. 汤姆同学是为了学汉语来中国的。

请大家找出这几个句子中传达出的那些不同的信息。

学生:今天、从美国、坐飞机、为了学汉语。

教师:(把学生说的几个词在黑板上标记出来)请你们想一想,这几个词语说的内容跟"汤姆同学来中国了"这件事有什么关系,"今天"传达出了"汤姆来中国"的什么相关信息?

学生:时间。

教师:对,动作发生的时间。"从美国"又传达出了"汤姆来中国"的什么相关信息?

学生:地方。

教师:对,动作发生的地点。"坐飞机"又传达出了"汤姆来中国"的什么相关信息?

学生:交通工具。

教师:对,动作发生的方式。为了"学汉语"又传达出了"汤姆来中国"的什么相关信息?

学生:来干什么的,为什么来中国。

教师:对,这也就是动作发生的目的。

现在你们可以说一说用"是……的"句型有什么作用吗?

(板书,在4个句子后分别写上"时间""地点""方式""目的")

学生:可以说明动作发生的时间、地点、方式、目的等情况。

教师:好! 我们再来比较下面的句子:

A. 汤姆今天来中国了。

B. 汤姆是今天来中国的。

请你们想一想,用"了"的句子着重说明什么? 用"是……的"的句型着重说明什么?

学生:用"了"的句子说明"来中国"这个动作已经发生了,用"是……的"的句子着重说明动作发生的时间是"今天",不是别的时间。

教师:说得很好! 所以说,用"是……的"句型是为了强调说明一个已经发生的动作的时间、地点、方式、目的等具体内容。大家发现了这条语法规则,下面请大家看图造句,用上"是……的"这个句型。

(学生开始练习)

以上介绍了四种对外汉语语法教学的基本方法,在语法教学中选择哪些方法,要具体情况具体对待。

(二)课堂语法教学中的讲练策略

对外汉语课堂语法教学有很多讲练策略,主要有精讲多练,讲练结合;浅化语法规则,进行简化表述;机械性练习与有意义的练习相结合;模拟交际练习。

1.精讲多练,讲练结合

语法的讲解要简短,尽量避免学生产生枯燥、乏味、无聊的感觉。对语法的讲解应该是抓关键要点地讲,讲对学生最直接有用的东西,同时又要富有启发性。每一次简短的讲解后,应让学生做大量的相关练习。要从不同侧面、不同角度、不同层次设计练习,让学生把所学的东西在设计的语境中进行实际操练,多次反复练习,以达到会用的目的。练习的设计还要有针对性,能体现所讲的法则、规律。教师及时结合学生练习中的偏误分析,使学生真正掌握语言知识,真正获得语言的应用能力。

2.浅化语法规则,进行简化表述

在给学生做语法现象解释或使用条件说明时,最好是一条一条,简明扼要地展示出来。可以用文字描述,也可以用图表或线性序列,或者用高度概括的公式或图示显示出来。例如,对程度补语的文字表述:主语+动词+宾语+重复的动词="得"+程度补语;对"着"的公式表述:V_1+着+(O_1)+V_2+(O_2),(躺着看小说);对"不"和"没(有)"对比分析用类似表 6-2 的形式来表述。

表 6-2   "不"和"没(有)"的对比分析

修饰	"不"	"没(有)"
动词	否定动作本身 如:吃—不吃	否定动作的完成或经历 如:睡了—没(有)睡 看过—没(有)看过

续表

修饰	"不"	"没(有)"
形容词	否定性质 如:冷—不冷	否定性质的变化 如:红了—没(有)红 干净过—没(有)干净过

对程度副词的图示表述:(可根据所教程度副词灵活运用图示)

另外,在解释语法规则时,尽量少使用语法术语,必要时利用一点学生的母语。

3.机械性练习与有意义的练习相结合

机械性练习的答案完全由教师控制,不大需要学生理解,其目的在于使学生较熟练地掌握某种语法结构。机械性练习项目如重复、替换、模仿、扩展等。例如,练习动作持续了多长时间的表达方式:

教师	学生
学游泳	我学了两个月的游泳了。
打乒乓球	弟弟打了三个小时的乒乓球了。

与机械性练习不同,有意义的练习虽仍由教师控制学生的答案,但需要学生理解教师所说的,理解结构的意义,否则不能正确回答。例如,练习倍数的说法:

教师	学生
瓜子10元/斤,花生5元/斤	瓜子的价钱是花生的两倍。
蛋糕店:面点师6个,裱花师2个	蛋糕店面点师的人数是裱花师的三倍。
上海→北京:飞机2小时,火车12个小时	从上海北京用的时间,火车是飞机的6倍。

哥哥 12 岁，弟弟 3 岁。　　哥哥是弟弟的 4 倍。

机械性练习与有意义的练习在目的方面有所不同，也各有优势，因此在语法教学中注意两者的有机结合，有助于学生更好地掌握汉语语法规则。

4. 模拟交际性练习

在模拟交际性练习里，教师想方设法创造环境，只控制学生答案的类型，学生可以根据具体情况提供新的具体的信息，这方面是不受控制的。例如，练习"有"字句：

教师	学生
你们班有多少人？	我们班有_____个人。
你有哥哥吗？	我_____哥哥。
你哥哥有孩子吗？	我哥哥_____孩子。
你哥哥有几个孩子？	我哥哥_____个孩子。
你有铅笔吗？	我_____铅笔。

学生对作为第二语言的汉语学习，主要产生于他使用这种语言的时候，而模拟交际性练习无疑为使用汉语提供了语境和机会。从近年来的发展趋势来看，课堂教学中的模拟交际越来越受到重视。

除上述策略外，课堂语法教学要多安排学生进行不同性质的练习，如理解、模仿、记忆、交际、口头表达训练、阅读训练、笔头表达训练等。造句、填空、改错、翻译、是非选择等属于理解性练习。替换等句型操练，多为机械性练习，也就是模仿性练习。记忆性练习的目的就是使短时记忆发展为长时记忆，为加强记忆，记忆性练习的方式应尽可能多样化。听力训练中的语义理解练习就是典型的交际性练习。口头表达训练以成段表达能力训练为主，如复述课文、依据一定的题目讲故事等。阅读训练主要是阅读一些经典的短文、片段，培养阅读能力。笔头表达训练以语篇训练为主，不但培养写字的能力，还培养写话和应用文的写作能力。

教师在带学生做练习时，应该注意以下几点。第一，要明确指令。第二,至少要给两个例子。第三,讲练要保持一定的速度,不要因个别差的学生而放慢速度。第四,机械练习可以齐回答或分组回答,而创造性练习则要请学生单独回答。第五,口头练习不应该一味依靠课本,而要合上书做。第六,叫学生回答时应事先给予必要的提示,并要给一定的思考时间。第七,不要按固定顺序叫学生回答问题。第八,叫学生回答时应事先给予必要的提示,并要给一定的思考时间。第九,不要按固定顺序叫学生回答问题。第十,练习项目要有变化,否则就会令学生感到枯燥、无聊。第十一,应使用引导的方式启发学生自己纠错,给指出的错误应该是主要的、具有普遍性的错误,纠错后给予反馈。第十二,纠错要注意时机,不要无礼、粗暴地打断学生的话。

二、对外汉语语法教学的技巧

对外汉语语法教学的技巧一般分展示语法点的技巧、解释语法点的技巧、语法点练习的技巧。其中,展示语法点是语法教学的第一步。展示语法点的技巧,可以让学生更容易、更快掌握语法点的用法。解释语法点主要是解释语法点的形式、意义、功能。语法点的练习最终要使学生懂得如何使用所学的语法点。

(一)展示语法点的技巧

展示语法点就是向学生讲授语法点,让学生对讲授的语法点有一个初步的印象,尤其是初步了解语法内容(句型或词语)的形式、意义和功能。展示语法点,通常借助物件、图片、问答、情景、肢体语言进行展示。

1.利用物件、图片等直观手法展示

(1)实物
利用课堂上所存在的或教师事先准备的实物,最终展示语法点。课堂上所存在的实物一般有黑板擦、粉笔、粉笔盒、讲台、书、钢笔、铅笔、尺子等,老师也可以事先准备学生比较感兴趣的实

物,如巧克力、苹果、花等。以下以粉笔、凳子、灯实物为例讲解
"存现句"。

教师:粉笔盒里有粉笔。(边说边指示给学生看)

教师:粉笔盒里有什么?

学生:粉笔盒里有粉笔。(教师板书这个句子)

教师:走廊里有什么?

学生:走廊里有凳子。(教师板书这个句子)

教师:天花板上有什么?

学生:天花板上有灯。(教师板书这个句子)

教师:好,这就是我们今天要学习的句型,(板书)处所(地点)+有+名词性词语(人、物),现在请大家用这个句型来造句子,可以设想一个情景,可以是教室,也可以是自己的卧室,或者一个商店里的情景。

学生:(造句)

教师也可以用身边的实物讲"在……下面(上面),在……左边(右边),在……外面(里面),在……附近,在……中间,在……头上"等句型结构。

教师使用专门准备的实物展示语法点。比如教"另外":

第一步,教师出示五支红色粉笔,两支白色粉笔,说:"我有七支粉笔,这五支是红色的,另外两支是白色的。"

第二步,出示两个大小相差很大的尺子,说:"这儿有两个尺子,这个是长的,另外一个是短的。"说完这两个句子后,教师在把"另外"板书到黑板上,带学生念几次。然后,教师就刚才的例句说进行再次使用,但只说前半部分,让学生说出含有"另外"的部分。教师也可以准备其他日常实物,如蔬菜、水果、甜食、文具、衣物、大众玩具等,帮助学生练习:"这儿有两块蛋糕,这个是草莓味的,那个是芒果味的,请用'另外'说出句子";"这儿有两件衣服,这件是红色的,那件是黄色的,请用'另外'说出句子";"这儿有两个车模型,这个是汽车,那个是卡车,请用'另外'说出句子"……

第三步,教师把所使用过的实物请学生使用,说出不同的含

"另外"的句子。

（2）道具

教师通过事先准备好的道具，引出语法点。例如，讲长度、宽度、身高时，用事先准备好的尺子，可以量课桌、椅子、黑板的长宽尺寸，量身边同学的身高等，帮助学生练习长度、宽度、身高的说法。讲时间时，用硬纸板做的钟表，可以随意拨动指针，帮助学生练习时间的说法。学习方位词时，把讲台当作一个空间，用模型玩具车行走移动，展示方位变换。学习点菜时，可以使用放大的菜单等，在展示道具的同时用问答的形式引出并操练语法点。

（3）图片

在直观教学法中，最常用到的道具就是图片。图片材料有海报、明信片、照片，以及地图、商场散发的促销彩页等。当然，教师还可以画简笔画、漫画等来辅助教学。例如，讲授亲属称呼时，教师可以使用家庭照片；讲授不同时段太阳的叫法（朝阳、夕阳、骄阳）时，可以用自然风光照片进行展示；讲授地理位置时，可以使用地图；讲授量词时，也可以使用实物图片进行展示，如"一头牛""一只鸡""一面镜子""一列火车""一架飞机""一栋楼"等；用超市商品促销彩页，展示商品价格的标记法、买东西的说法、商品贵贱的比较法等；用漫画讲述故事，展示成语等。留学生学习汉语的初级阶段，比较实用、有效的方法就是用图片展示生词、新句型并将进行练习。

2.通过问答等交流形式展示

如果事先已经让学生进行过相关预习，教师在下节课开始时可以直接提问：哪位同学知道我们今天将要学习的语法点，请他说一说。直接提问，即直接进入主题，把将要讲授的语法点引出来。某个学生将语法点说出来，还可请其他学生回答，说出一样的或不一样的表达句式，如果有错误，教师要恰当地指出来，进行纠正，然后写在黑板上备用。直接提问的形式比较自然，也能引起学生的注意、兴趣，引发学生思考。当然，问答形式客观上也起到检查学生预习状况的作用,从而督促学生学习。

通过师生对话也可以将所要学习的语法点引出来。这种技巧也很实用、有效,尤其是在学生预习较好,而语法点又比较简单的情况下,效果良好。师生的一问一答,一般能够使学生紧张起来,从而迫使学生必须集中注意力。为使对话顺利进行,教师最好从学生熟悉的、轻易能够回答的话题入手,最终也就自然而然地引出语法点。以下以"是"字句为例进行分析。

第一步:教师向学生提问。

教师:我是赵华。你呢?

学生:我是南野秀一。(教师板书学生说出的句子,以下同)

教师:我是男士。你呢?

学生:我是女士。

教师:东京是日本的首都。北京呢?

学生:北京是中国的首都。

教师:咱们学校右边是医院,左边呢?

学生:学校的左边是银行。

教师:黑板上写的是英文吗?

学生:不是。

教师:请说完整的句子。

学生:黑板上写的不是英文。

教师:那么,是什么?

学生:黑板上写的是汉语。

教师:这个水杯是我的,那个水杯是谁的?

学生:那个水杯是我的。

教师:以前我不是教师,是汽车司机。以前,你是留学生吗?

学生:以前我不是留学生。

第二步:教师请学生朗读板书的句子。

A. 我是南野秀一。

B. 我是女士。

C. 北京是中国的首都。

D. 学校右边是银行。

E. 黑板上写的不是英文。

F. 黑板上写的是汉语。

G. 那个水杯是我的。

H. 以前我不是留学生。

第三步:教师总结。例 A、C 判断说的事物等于什么;例 B、G 判断说的事物属于什么,例 D、E、G 既有判断意义,又有存在意义,例 E、H 是"是"字句的否定形式;例 H 说的"是"字句表示过去的情况,因此不能用"了""过"等。

第四步:教师请学生根据个人或班级里的实际情况进行问答练习,巩固"是"字句用法的掌握。

听写可以将所要引出的语法点的应用实例、例句通过课堂听写的形式展示出来。例如,讲比较句中的"比"字句,可以让学生听写:

我比妹妹高。

我比妹妹跑得快。

我的鞋比妹妹的长一点儿。

我游泳游得比妹妹快多了。

然后对句型进行讲解,操练等。听写常在配合检查学生复习和预习的情况时使用,简单实用,但又比较机械。

3. 情景引入法

情景引入法和问答的方式特别相似,只不过情景引入法中的"问答"需要设置一定的情景。比如讲"连……都/也＋动(……)"句时,可以"去张家界旅游"为情景进行会话,引出语法点。

第一步:教师跟学生进行情景会话,引出语法点。

教师:元旦节假期大家出去玩了吗?

学生 A:没有。我在图书馆看书。

教师对学生 B:他连假期都不出去玩,肯定能把汉语学好。

学生 B:对。

教师:请重复我的句子。(学生重复时板书)

教师对学生 B:元旦节假期你出去玩了吗?

学生 B:出去玩了。爸爸来看我,我们去了湖南。

教师:你带你爸爸去张家界了吗?

学生 B:没有。

教师:为什么你连张家界都没去?

学生 B:我们连张家界都没去,假期太短,时间不够了。

教师:太遗憾了,下次有机会一定要去啊!

教师对学生 C:你去过张家界吗?

学生 C:去过。我和自己的家人都去过。

教师:哦。连你奶奶都去过吗?

学生 C:是的,连我奶奶都去过。

第二步:教师板书体现语法点的句子。

a.他连假期都不出去玩。

b.我们连张家界都没去。

c.连我奶奶都去过。

第三步:教师总结。

"连"字句常体现的是一种极端情况。"连"后边引出的事物或行为,通常是说话人感到意外,或者按一般常识情理不会如此,但又确实发生、出现了。例 a 中"假期不出去玩",例 b 中"没去张家界",例 c 中"奶奶去过",都含有"不符合一般常识情理","出乎意料"等意味,所以使用"连"字句可以把"意料之外"的内涵反映出来。

第四步:教师提供不同情景,学生练习使用"连"字句。

4.利用肢体语言展示

利用肢体的动作展示语法点比较形象、直观,学生很容易理解、接受。肢体动作可以是教师自己做,也可以让学生做。比如教趋向补语"进来、进去、出来、出去、上去、上来、下去、下来、回去、回来"等,教师利用教室的门、楼梯等物,用趋向补语要求其做

动作,然后请一位或两位学生跟着自己做这些动作。做动作结束后,教师指引学生说出趋向补语的句子,带着学生一起说:

老师进来了。

老师出去了。

老师出来了。

老师进去了。

老师上去了。

老师上来了。

老师下去了。

老师回去了。

老师回来了。

……

在这里教师必须注意"来""去"的方位指向,让学生清楚什么情况下用"来",什么情况下用"去"。之后,教师再进一步让学生自己看着动作(如蹲下、起来、跑出去、跑进来、摇头、点头、拥抱、摊手、抱拳、弯腰、弓背)说出其他句子。

又如,教师介绍结果补语"打开""关上""合上""拉上""吃饱""摔倒""打碎""喝足""睡好",可利用教室的窗户、窗帘、学生的书包、文具盒、书本等各种物品,做"打开""关上""合上""拉上"等动作,然后板书,让学生明确结果补语的含义。

(二)解释语法点的技巧

解释语法点,首先是解释语法点的形式,一般包括结构本身及其相关结构形式,如肯定式、否定式、疑问式等。与旧语法点关系密切时,还应指出新旧语法点之间的联系和区别。其次是解释语法点的意义。这种解释要充分利用新旧语法结构之间的语义联系,用对比、分析等方法进行解释。最后是解释语法点的功能,告诉学生所教语法点的功能和使用语境、条件。让学生掌握语法点的功能一般是比较困难的,反映到实际运用中,通常的毛病就是学生"不能恰当地使用语言来表达自己的意思",或者不合时宜,或者符合中国人的文化心理,或者符合逻辑,甚至符合自己的身份。在特定的情景下,学生用的词汇、句型都不恰当。对此,教师应该要在语法解释方面多下工夫,尽量向学生详细、准确地教授语法点的使用规则、使用条件、使用环境等。比如教学生问年龄时,要让学生明白"几岁""多大""多大年纪(岁数)"所适用的不同对象。

常用的语法解释技巧有直观解释法、化繁为简解释法、对比解释法、情景解释法等。

1. 直观解释法

直观解释法一般用到图片、简笔画,或其他一些道具,甚至可以进行表演。图片是学生学习汉语的初级阶段的重要道具。在初级阶段,学生掌握的词汇量有限,学习的语法点也比较简单,利用图片很容易达到教学目标,只是教师准备图片需要花费较多的时间和精力。例如,解释存现句、比较句等,就很适合利用图片。但是,教师应该注意图片所表达意义的准确性,不能模糊,也不能是容易引起歧义的。

用简单形象的简笔画帮助学生理解语法点。简笔画对绘画水平的要求不高,因此一般教师都可以使用简笔画,只要能表达出相应的意思即可。有的时候,教师随手画也更能引发学生的好奇心,或者对教师的简笔画进行评价,从而起到活跃课堂的作用,学生的注意力也就自然而然地集中到黑板上来。比如讲解趋向补语"动词+上来/下去/进来/出去……"时,利用简笔画就既简单又直观。讲解比较句时也可以用简笔画比较大小、高低、远近等。

解释语法还可以利用很多道具。例如,讲时间时,最方便最好用的就是钟表。讲讨价还价的、对比价格的语法点时,还可以充分利用商场散发的宣传促销彩页,或者准备一些实物作为道具,使语法点的解释更为形象、具体。

表演主要是通过动作将语法点直观化,通常是教师或教师跟学生一起通过表演帮助学生理解语法点。比如讲方位词时,教师可以利用教室的门做出"出去""进来"的动作,也可以让学生做这些动作,一边做一边说。讲"往前走,往右拐""往上看""往外跑"等也可以做出相应的动作。讲解"到某个地方去"时,可以在不同位置的学生课桌上贴上不同地点的标识,指示学生(一到两名),到某个地方去,然后让学生互相指示,做出动作,说出相应的词汇、句子等,从而达到练习的目的。

直观解释法使课堂气氛十分活跃,容易激发学生的学习兴趣,通常会积极参与其中。但是,直观解释法较适用于初级程度的学生,到中级、高级阶段后,就要做出相应的改变,少用甚至不用。

2.化繁为简解释法

使用图示、公式、符号解释语法点,可以起到化繁为简的作用。用图示或公式将语法点的形式列出,简明扼要,便于学生记忆和理解。图示或公式可以写在黑板上,也可以制作成图表或卡片。

比如解释"把"字句的基本句型结构,就可以这样写:

名词(施事者)＋把＋名词(受事者)＋动词＋其他

教师着重解释图示中的"其他"是什么,以及"动词前后一些别的成分",让学生更充分掌握"把"字句的使用条件、语境、情景等。

又如,讲"连"字句,可以把强调部分所适用的词性情况用图示解释给学生,帮助学生记忆、掌握:

$$连+\begin{cases}①名词\\②动词\\③数量词语\\④小句\end{cases}+都/也+动词……$$

在图示的同时给出典型的例句,让学生更容易理解、掌握。

使用公式,如在解释比较句中"比"字句的语义关系时,可表示为：

甲＋比＋乙＋形容词——甲＋形容词

哥哥比妹妹高——哥哥高（妹妹矮）

又如结果补语的语义结构可表示为：

苹果我吃完了——我吃＋（苹果）完了

他吃饱了——他吃＋他饱了

在解释语法点时，使用一些固定的符号将语法点形式化，简单明确，也便于学生记忆，也可以作为练习时的提示。比如：

S 表示主语　　　　P 表示谓语　　　　O 表示宾语

N 表示名词　　　　V 表示动词　　　　A 表示形容词等

比如讲"了"的基本用法

(A)S　　　　　V　　　　了

老师　　　　　走　　　　了

弟弟　　　　　醒　　　　了

(B)S　　　　　V　　　O　　　　了

爸爸　　　　　去　　　公司　　　了。

妈妈　　　　　洗　　　衣服　　　了。

用符号解释语法点，简单明了，但前提是学生必须了解并熟悉每个符号所代表的语法内容，因此符号不能着急编创，而应该要有依据性，比如依据英语的语法词汇等。

3.对比解释法

对比解释法，如新旧对比、内部对比、汉外对比等。

（1）新旧对比

新旧语法点在形式上有联系，在语义上对等，语法形式相近，即可用对比的方法解释语法项目。

例如，讲解可能补语时，就可以这样说明：

苹果吃得完。　　　（苹果能吃完）

苹果吃不完。　　　（苹果不能/没办法吃完）

苹果吃得完吗？　　（苹果能不能吃完？）

教师使用新旧对比法可以这样解释:可能补语表示可能时加"得",语义相当于"能";表示不可能时加"不",语义相当于"不能""没办法";表示疑问时多用"得……吗",语义相当于"能不能"。

比如讲解"被"字句时,可以这样说明:

苹果<u>被弟弟</u>吃完了。　　　(弟弟吃完了苹果)

<u>妈妈的盒子</u>被拆开了。　　　(××拆开了<u>妈妈的盒子</u>)

这样的对比可让学生明白施事与受事,在被动句和一般陈述句中的位置是怎样不同的,进一步理解被动句的语义。

(2)内部对比

内部对比即通过汉语内部语法形式的比较,说明相关的语法点的异同,侧重点是"异"。在分析意义、用法相近的词语(特别是虚词)时,使用内部对比一般都能够奏效。例如,当讲"再、又"这一组副词的语法点时,可以进行下列的对比说明。

相同点:都表示频率或重复。

相异点:第一,表示重复或继续时,意义不同。"再"表示"主观、待重复",如"再说一遍"。"又"表示"客观、已重复",如"又吃了一顿"。第二,使用情况不同。"再"可以用于祈使句、假设句,而"又"不可以。例如,可以说"明天我们再讨论这个问题吧!"而不能说"明天我们又讨论这个问题吧!""再"用在能愿动词后;"又"用在能愿动词前。例如,可以说"你能再给一点吗?"而不可以说"你能又给一点吗?"

这种方法也可以用于一些相近语法形式的比较,比如"动词+着"和"在+动词"两种形式的用法有相近之处,可以表6-3的样式进行比较说明:

表6-3　　　　　"动词+着"和"在+动词"的语法形式比较

动词+着	在+动词
表示事物存在的状态	表示动作的进行
是描写性的	是叙述性的
例:老虎跑着	例:老虎在跑

（3）汉外对比

汉外对比，即将所教学的语法点与学生的母语中相应的语法结构或项目进行比较，有助于学生更好地理解汉语语法点。汉外对比比较的是相同、相似、相异之点，重点是要指出不同之处。这种方法可以较为直接且较快地解决学生的疑难，但也有一定的局限性。一个班级里的学生，其母语不一定相同，由此可能又产生新的问题。这方法对教师的要求更高，要求教师精通与汉语进行对比的外语。因此，使用汉外对比只能是在有限的条件下进行，不适于大规模、高频率运用。当一个班里的学生的母语为英语，而教师又精通英语，可以在教学中适度、适时地运用汉英比较。

4. 情景解释法

班级的情况也可以成为解释语法点的情景，如学生的来自的国家、性别比例等。以讲"……占……的几分之几"为例，就可以利用学校的实际情况：

教师：我们学校有多少个班级？

学生：30个。

教师：我们学校学习汉语的一共有多少个班级？

学生：3个。

教师：那么，学习汉语的班级占全校班级的几分之几呢？

学生：学习汉语的班级占全班班级的十分之一。

教师：很好！我们班来自美国的学生有多少个？

学生：5个。

教师：我们班级有多少个学生？

学生：30个。

教师：那么美国学生在班里的比例是多少？

学生：美国学生在班里的比例是六分之一。

……

有了这样的情景，教师无须解释太多，学生自然就在情景中明白了句型的用法。

讲"比较句"时也可以用情景解释法，为起到对比的作用，所选的列举对象应该在某方面相差特别大，而且是容易观察得到的。有了特定的情景，学生可以确切理解句型语义。

除上述解释法外，还有翻译、学生解释的技巧。翻译即把要解释的语法点直接翻译成学生的母语。当解释某个语法点的意义比较抽象，而采用直观手法又难以说明时，可以使用翻译的方法。需要指出的是，翻译本身可能带来一些语义、语用方面的歧义或偏差，尽量不用或少用。让学生用汉语解释语法点，主要适用于简单的语法项目。

（三）语法点练习的技巧

语法点的练习技巧主要有机械练习、有意义的练习和交际练习。前两种练习为交际练习做铺垫，交际练习是语法点练习的重点。关于语法点练习的技巧，前文的讲练策略内容已经有所分析，此处不再赘述。

第七章　跨文化视角下的对外汉语汉字教学

在对外汉语教学中,汉字可以说是对外汉语学生学习的难点与重点。而且,对外汉语教学中如不能很好地解决汉字教学问题,将会对对外汉语学生的学习造成不利影响。为此,需要对对外汉语汉字教学进行不断研究与实践,以找到更为合适且方便的对外汉语汉字教学路子。在本章内容中,将站在跨文化的视角下,对对外汉语汉字教学的相关内容进行详细阐述。

第一节　对外汉语汉字教学的任务与原则

对外汉语汉字教学有着自身独特的教学任务,而要确保对外汉语汉字教学的顺利实现,必须要在教学过程中遵循一定的原则。

一、对外汉语汉字教学的任务

对外汉语汉字教学有着多方面的教学任务,但概括来说主要有以下几个。

(一)使对外汉语学生掌握汉字的基本知识

对于对外汉语汉字教学来说,使对外汉语学生掌握汉字的基本知识是其最基本的一个任务。具体来说,对外汉语学生应掌握的汉字基本知识主要包括以下几方面的内容。

1. 汉字特点知识

在进行对外汉语汉字教学时,要使对外汉语学生更容易、更有效地掌握汉字,就必须让他们掌握汉字的特点。具体来说,对外汉语汉字教学中需要告诉对外汉语学生的汉字特点知识主要有以下几个。

第一,汉字是音、形、义有机的统一体,每一个字形中都包含着特殊的音和义。

第二,汉字相比其他的拼音文字来说,其字形的表音功能是比较差的,往往很难见形知音。

第三,汉字中有着数量不少的同音字、多音字和形似字,在具体使用时必须要依据一定的语境。

第四,汉字的字形不仅可以阅读,而且担当着一定程度的别义功能。

2.汉语拼音知识

对于对外汉语学生来说,要想学好汉字要首先学好汉语拼音,而且汉字的字音相比汉字的字形和字义来说更容易掌握。

对外汉语学生只有学会了汉语拼音,才能更好地对汉字进行辨别。比如,对外汉语学生在掌握了汉字的声调后,便能选择汉字时缩小一定的范围,如"hao"这个音节的字有"好、号、毫、浩、豪、昊、皓、郝、灏、蚝"等,如果说"hǎo",就可以将"号、浩、豪、昊、皓、灏、蚝"等大部分的字排除。

此外,对外汉语学生对汉语拼音知识掌握的好坏,将对其日后对汉字的听、读、写以及汉语工具书的运用能力产生一定的影响。可见,在进行对外汉语汉字教学时,必须要使对外汉语学生有效地掌握汉语拼音知识。

3.汉字结构知识

对于对外汉语学生来说,了解汉字结构方面的知识,将对其汉字学习产生重要的促进作用。

汉字从其构形的角度来看,可以分为笔画、部件和整字。其中,整字又可以分为两种类型,即独体字和合体字。在常用的汉字中,相比合体字来说,独体字是比较少的,但有着很强的造字功能,而且能够充当构字部件来表音或表意。比如,独体字"马"作为构字部件时,既可以表音如"吗、妈、码、骂、玛"等,也可以表意如"驾、驰、骑、驶、驭"等。合体字有着多种多样的结构类型,包括上下结构(如秀、茄、努、照、只、吴等字)、左右结构(谈、眼、胡、族、投等字)、包围结构(如图、团、冈、囵、囚等字)、穿插结构(如禹、重、事、册等字)、品字结构(如品、森、磊、鑫、淼等字)等。

4.汉字笔画知识

汉字构形的最小单位、构造汉字的线条,便是笔画。现代汉语的汉字笔画,从一画到多画不等,其中以 9 画字最多。在汉字的笔画中,最基本的有横、竖、撇、点、捺、折、钩和挑,而这些汉字基本笔画又可以发生一定的变形,从而演变出更多的笔画。

对于对外汉语学生来说,只有掌握了汉字的笔画,能够正确地书写汉字笔画,才能在日后更为容易地学习汉字的部件与结构。

5.汉字笔顺知识

汉字的书写在笔顺方面是有一定规则的,一般而言,汉字的基本笔顺是先横后竖(如干、十等)、先撇后捺(如八、从等)、先左后右(如结、外等)、先上后下(如兑、亮等)、先外再里(如凰、月等)、先中间再两边(如业、承等)。

可是,就我们自己来说,对于汉字的笔顺问题也处理得不是很好,写错汉字笔顺的现象并不少见。因此,要求对外汉语学生必须遵守汉字的书写笔顺是不够现实的。但是,在对外汉语汉字教学中,还是应尽可能让对外汉语学生掌握汉字的基本笔顺规则,以使他们在形成良好的书写习惯、提高汉字的书写效率和美观度的基础上,为日后的汉字认读与记忆打下良好的基础。

(二)培养对外汉语学生的汉字认知能力

培养对外汉语学生的汉字认知能力,也是对外汉语汉字教学的一个重要任务。对外汉语学生的汉字认知能力,体现了其对汉字在实际运用中的状态的把握。而在对对外汉语学生的汉字认知能力进行培养时,应着重从以下几个方面着手。

1.培养对外汉语学生的汉字字形认知能力

汉字字形认知能力,也是认知汉字结构特点的能力。判断对外汉语学生是否形成了良好的汉字字形认知能力时,主要是看其在看到一个汉字时,能够自觉地进行这样的思考:这个汉字是独体字还是合体字? 若是独体字的话,其字形表示的是什么意义? 若是合体字的话,其结构、构成部件及其充当的角色是怎样的?

在对对外汉语学生的汉字字形认知能力进行培养,要着重从以下几个方面着手。

第一,培养对外汉语学生对相似部件的差异进行辨别的能力,如"冫"与"氵"、"宀"与"冖"、"礻"与"衤"、"夂"与"攵"、"廴"与"辶"等。

第二,培养对外汉语学生对独体形似字进行辨别的能力,如"日"与"曰"、"已"与"己"、"九"与"几"等。

第三,培养对外汉语学生对合体字形似字进行辨别的能力,如"版"与"板"、"感"与"惑"、"师"与"帅"、"梁"与"粱"等。

第四,培养对外汉语学生对同音字的辨别能力,如"歌"与"哥"、"静"与"镜"、"带"与"戴"、"碟"与"蝶"、"兑"与"对"等。

2.培养对外汉语学生的汉字字音认知能力

汉字"是一种典型的深层文字,它没有形—音对应或形—音转换的规则,因此在词汇通达或语义提取中,汉字的语音激活可能比英文迟缓一些"[①]。也就是说,汉字字形的表音能力是比较弱的。不过在汉字中有一类字的表音功能是比较强的,即形声字。但是,形声字的声旁表音与形声字的读音完全一致的情况则比

---

① 彭聃龄.汉语认知研究.济南:山东教育出版社,1997:9.

较少。

对对外汉语学生的汉字字音认知能力进行培养,主要是让对外汉语学生在对汉字的表音规律有所了解的基础上,学会对独体字的字音进行识记、学会通过常用构字部件的表音规律对合体字的读音进行判断(如"青"与"请、情、清"等)、学会对多音字进行识别等。

3.培养对外汉语学生的汉字字义认知能力

在对对外汉语学生的汉字认知能力进行培养时,不能忽略字义认知能力培养这一内容。汉字在最初是通过字形进行表意的,虽然现代汉字的字形已经很难看出古人要表示的意义,但积淀在其中的表意痕迹还是可以清晰地被挖掘出来的。

在对对外汉语学生的汉字字义认知能力进行培养时,要着重从以下几个方面着手。

第一,引导对外汉语学生对独体字(如火、半、皿等)、会意字(如休、牧、林、男等)的字义进行理解。

第二,引导对外汉语学生对常用构字部件所表示的主要义类进行理解。

第三,引导对外汉语学生对形声字形旁(如宀、匚、讠、广、彳、灬、刂、艹等)所表示的意义进行理解。

第四,引导对外汉语学生对汉字的语境意义进行理解。

(三)培养对外汉语学生的汉字分析能力

所谓汉字分析能力,就是"学生见到一个汉字时能从汉字结构本身的规律去审视汉字的结构和造字表意意图"[①]。对于对外汉语学生来说,只有形成一定的汉字分析能力,才能更为深入地认知汉字的特点,继而更容易地认知汉字结构与表音或表意等。而在对对外汉语学生的汉字分析能力进行培养时,要着重从以下

---

① 胡文华.汉字与对外汉语教学.上海:学林出版社,2008:157.

几个方面着手。

1.培养对外汉语学生的汉字拆分和组合汉字的能力

拆分汉字和组合汉字反映了对外汉语学生对汉字结构的理解,对其认识和书写汉字具有一定的帮助。为此,对外汉语教师在教学中需要设计一定的汉字拆分与组合练习,以促使对外汉语学生的汉字分析能力不断得到提升。

2.培养对外汉语学生的汉字部件表意作用分析能力

对于对外汉语学生来说,只有具有一定的汉字部件表意作用分析能力,才能更为准确地对汉字部件的表意、表音作用进行认知。而要培养对外汉语学生的汉字部件表意作用分析能力,需要对外汉语教师在教学中特别注意以下两个方面。

第一,要明确地教给对外汉语学生各个具体汉字部件的作用,并帮助对外汉语学生充分地认知汉字部件在造字过程中的作用。

第二,要不断对汉字部件的表意和表音情况进行归纳与总结,并不断丰富自己的汉字部件相关知识,以便在教授汉字部件时清楚地讲授其形与功能。

3.培养对外汉语学生的汉字部件表音作用分析能力

在现代汉字中,形声字所占的比例可以说是最大的。因此,在对外汉语汉字教学中需要培养对外汉语学生对形声字的声旁表音作用进行理解与分析的能力。而在对对外汉语学生的汉字部件表音作用分析能力进行培养时,可具体从以下几个方面着手。

第一,对外汉语教师在平时的汉字教学中要注意将常见的表音部件以及一些部件的表音规律详细地教授给对外汉语学生。

第二,对外汉语教师在平时的汉字教学中,要经常对形声字的形声分布情况进行分析。

第三，对外汉语教师在平时的汉字教学中，要提供大量的练习让对外汉语学生对汉字部件的表音作用进行分析。比如，让对外汉语学生写出所学汉字中的表音部件，并用这个表音部件写出自己知道的一个或多个合体字。

(四)培养对外汉语学生的汉字推理能力

对外汉语学生学习汉语的一个重要目的就是进行汉语阅读，而其在阅读过程中不可避免地会遇到不认识的汉字。而要保证汉语阅读的顺利进行，就需要对外汉语学生对不认识的汉字进行一定的推理。由此可知，培养对外汉语学生的汉字推理能力是十分重要的。

所谓汉字推理能力，就是学生在看到一个不认识的汉字时，能以字形的部件以及自己所具有的部件知识为依据，对其读音及意义进行判断的能力。举例来说，在看到"骸"(yi)这个不常见且不认识的汉字时，可以自己的汉字部件知识为依据，大致推测出部件"支"可能是表意的，而根据它在"敲"中的作用可大致推断其与用手敲击有关；部件"易"可能是表音的，而根据"易"做音符时主要读"yi"可大致推断它的读音。

在对对外汉语学生的汉字推理能力进行培养时，可具体从以下几个方面着手。

第一，要将对对外汉语学生汉字推理能力的培养贯穿到对外汉语汉字教学的全过程。

第二，要引导对外汉语学生牢固掌握汉字基本部件的表意与表音特点，否则其将无法对汉字进行有效推理。

第三，要教会对外汉语学生借助于一定的语境对汉字进行推理。

这里需要特别指出的一点是，在短时间内使外汉语学生形成良好的汉字推理能力是比较困难的，而且要求对外汉语学生必须要具有一定的汉字推理能力也是不现实的，因为即使是接受过良好教育的中国人也未必能将自己拥有的汉字知识用于推理自己不认识的汉字。

（五）培养对外汉语学生的汉字运用能力

对外汉语学生学习汉字的最主要目的便是进行运用，因此在对外汉语汉字教学中要注意培养对外汉语学生的汉字运用能力。

对外汉语学生的汉字运用能力，具体来说体现在六个方面：一是听，即在听到汉字的读音后能知道它的意义；二是说，即正确说出汉字的读音；三是读，即正确读出汉字的发音；四是写，即正确地书写汉字以及运用汉字进行写作；五是查，即能熟练运用汉语工具书或是汉英词典等对需要了解的汉字进行查阅；六是打，即正确而熟练地运用汉字输入法打出自己需要的字。

二、对外汉语汉字教学的原则

在进行对外汉语汉字教学时，要想保证教学的效果，就必须遵循一定的教学原则。具体来说，对外汉语汉字教学的原则主要有以下几个。

（一）循序渐进原则

汉字在结构的繁简以及笔画方面存在较大的差异，而先教结构简单、笔画少的汉字，再教结构复杂、笔画多的汉字是符合对外汉语学生学习汉字的认知规律的。也就是说，在进行对外汉语汉字教学时应遵循循序渐进的原则，即由简到繁、由易到难。

在对外汉语汉字教学中遵循循序渐进原则，不仅有助于减少甚至消除对外汉语学生学习汉字的畏难情绪，而且能有效提高对外汉语学生学习汉字的兴趣。

（二）对象性原则

对外汉语学生的来源是十分广泛的，既可能来自日本、韩国等汉字文化圈内的国家，也可能来自英国、美国等非汉字文化圈内的国家。由于汉字文化圈内的学习者与非汉字文化圈内的学习者在汉字认知方面存在一定的差异,因此在对外汉语汉字教学中应遵循对象性原则,即以对外汉语学生的文化圈以及汉字认知方式与汉字认知能力为基础对汉字教学的内容、方法等进行合理选择。

此外,对外汉语汉字教学的对象性原则还要求在进行对外汉语汉字教学时充分考虑到对外汉语学生的年龄特点,以便更有针对性地选择汉字教学内容与方法等,促使对外汉语汉字教学获得最佳的效果。

(三)层次性原则

对外汉语汉字教学的层次性原则,就是在进行对外汉语汉字教学时先从笔画和部件入手,最后教整字。这是因为,汉字构成的最基本要素是笔画,对外汉语学生要想正确地对汉字进行书写,必须要了解和掌握笔画的相关知识;汉字构形的基本单位是部件,部件之间的组合便构成了合体字,因而在教授了笔画后,就需要教授部件。而且,教授部件有助于把汉字笔画繁多的特性变得相对简单一些。比如,"骑"由 11 画构成,从笔画构成学习,需要记住笔画的名称和结构方式;而从部件构成学习,却只有三个部件,即马、大、可,而且每个部件的笔画都不多,进行记忆也比较简单。此外,对外汉语学生在掌握了大量的部件后,学习整体也会变得比较容易。

(四)多读少写原则

汉字有着较大的区别性,因而能够较为容易地进行辨认和区别。但是,汉字的形体结构是十分复杂的,因而在进行书写时往往比较困难。再加上对外汉语汉字教学中让对外汉语学生对于学过的汉字都能正确且熟练地书写是不可能也不现实的,对外汉语学生的汉字能力中最需要且使用最多的是认读能力,因此在实际开展对外汉语汉字教学时,可以遵循多读少写原则。

此外,在对外汉语汉字教学中遵循多读少写原则,不仅能使教师教学的效率以及对外汉语学生学习的效率得到有效提高,而且能有效降低对外汉语汉字教学的难度。

(五)规范性原则

对外汉语汉字教学最终要落实在对外汉语学生运用汉字上,而要保证对外汉语学生汉字运用的准确性和有效性,就需要在教学过程中尽可能教授规范性的汉字。也就是说,在进行对外汉语汉字教学时必须要遵循规范性原则。

需要特别指出的一点是,这里所说的规范性的汉字就是《汉语水平词汇与汉字等级大纲》规定的汉字。

(六)适宜性原则

对外汉语汉字教学的适宜性原则,就是在进行对外汉语汉字教学时必须要把握教学汉字的数量。在当前,对外汉语汉字教学大纲中所收的汉字不超过 3 000 个,而且这些汉字不可能全部靠教学教给对外汉语学生。因此,在进行汉字教学时,要尽可能选择使用频率较高的汉字,且不可盲目地对汉字教学数量进行扩大。

第二节　外国学生的汉字偏误与汉字教学的新模式

对于外国学生来说,汉字的学习是一个难点,而且很容易出现汉字书写偏误。为了对这一现象进行改变,就必须要积极探索对外汉语汉字教学的新模式。

一、外国学生的汉字偏误分析

外国学生在学习汉字时,出现偏误是不可避免的。但是,在对外汉语汉字教学中还是应尽可能教给对外汉语学生正确的汉字书写,减少甚至避免汉字偏误的出现。

（一）外国学生汉字偏误产生的原因

外国学生在学习汉字时，导致偏误产生的原因主要有以下几个。

1. 汉字的结构过于复杂

汉字的结构本身是十分复杂的，这导致外国学生在学习汉字时难以准确地记忆汉字的结构，从而在认知和书写汉字时很容易出现偏误。这可以说是导致外国学生汉字偏误产生的客观原因。

汉字是由笔画和部件构成的，但笔画和部件的组合并不是任意的，而是有一定规则可循，并表现出一定的层次性的。汉字书写时，无论采用怎样的字体与字号，书写都要保持笔画和部件的种类、位置及整字稳定的结构形式，同时书写时在笔画的长短、粗细、距离、形状及整字的结构比例等方面具有一定的自由度。举例来说，部件"口"在"唱""合""名""司""囊"等字中有着不同的大小与结构关系，因此在具体书写时既要注意笔画的基本特征和部件整体性，又要把握它们与其他笔画、部件配合在一起时的协调性。对此，外国学生往往不能深入了解，从而导致其在书写时很容易出现偏误。

2. 对外汉语汉字教学中笔画的教学与训练不规范

汉字最基本的构成元素是笔画，而且笔画的冗余或缺损会导致汉字部件的书写、认知错误。因此，在进行对外汉语汉字教学时需特别注意笔画的教学与训练。

对当前对外汉语汉字教学中的笔画教学实践进行分析，可以发现一个重要问题，即未对外国学生的笔画书写错误保持高度敏感，从而导致他们在书写汉字时经常出现笔画的添加、缺少、异位等现象。在此影响下，外国学生在书写汉字时必然容易产生偏误。

为有效避免这种情况，在进行对外汉语汉字教学时要严格对待笔画教学,不能仅仅看外国学生写成的字是否正确、规范,还要注意检查他们在书写的过程中是否存在笔画、笔顺、部件与结构逆向书写的现象,以促使外国学生真正养成良好的汉字书写习惯,减少错字的出现。

3.汉字中存在大量的同音异形字

汉字中存在着大量的读音相同、但意义和书写不同的同音异形字,而外国学生在学习汉字时往往没有意识到汉字的形体要从构形和构意两个角度去理解,因而在书写和运用时很容易出现混淆的现象,进而导致偏误出现。

4.外国学生在学习汉语时存在的母语负迁移现象

对于非汉字圈的、习惯了拼音文字的外国学生来说,要学习从未接触过的方方正正且带有一定意义的汉字是十分困难的。在他们看来,汉字就像是一幅幅神秘的图画,不仅看起来奇怪,写的时候也不知该从何处下手。在这种情况下,外国学生在书写汉字时必然会出现偏误。

(二)外国学生汉字偏误的表现

对外国学生出现的汉字偏误进行深入分析,可以发现主要有以下几种情况。

1.部件改换偏误

在外国学生出现的汉字偏误中,对汉字部件进行改换这类偏误可以说是最为常见的,且具体包括以下几种情况。

(1)形近改换

所谓形近改换,就是一些在意义上有明显不同而在形体上十分相近或相似的常用意符,外国学生由于对它们表示的类义不够清楚而在进行书写时很容易出现换用的现象。

举例来说,"氵"与"丬"、"木"与"本"、"土"与"士"、"大"与

"犬"、"广"与"厂"、"见"与"贝"等在形体上都是十分类似的,对外学生尤其是初学汉语的外国学生还不能有效把握它们的意义,因而在书写时经常对它们进行换用。

（2）意近改换

有不少汉字的意符所表示类义是相同或相近的,也就是说相同或相近的类义可以用不同的意符来表示。对此,不少外国学生难以准确进行把握,因而在书写时很容易出现改换意符的现象。

举例来说,"走"与"辶"、"火"与"金"、"口"与"讠"、"亻"与"米"等,都是有相同或相近类义的意符,汉语学生由于对这些意符的掌握还不够全面、准确,因而在书写时经常对它们进行换用。

（3）类化改换

所谓类化,就是"由上下文的影响而改换某个字的意符"[①]。在外国学生出现的汉字部件改换偏误中,这类情况也是十分常见的。

一般而言,类化改换又可以细分为两种情况:一种是因受到词内前后字的影响,将"傍晚"写成"膀晚"、将"批评"写成"批抨"、将"环境"写成"坏境"、将"女性"写成"女姓"等;另一种是因受到短语内其他字的影响,将"跑过来"写成"迫过来"、将"一顿晚饭"写成"一饨晚饭"、将"陪她逛街"写成"倍她逛街"等。

（4）声符改换

在外国学生出现的汉字部件改换偏误中,声符改换的现象相比意符改换的现象来说是比较少见的。

综观外国学生汉字书写中出现的声符改换现象,可以发现比较常见的有将"牺牲品"中的"牺"写成"犞"、将"树叶"的"树"写成"椒"、将"电影"的"影"写成"彯"、将"炫耀"的"炫"写成"煊"等。

2. 部件变形偏误

外国学生在学习汉字时,形近部件给其造成了很大的困扰,

---

① 肖奚强.外国学生汉字偏误分析.世界汉语教学,2002(2).

而且他们在书写汉字时很容易出现对汉字部件进行变形的情况。

举例来说,外国学生很容易将"口"写成是拉丁字母"O",如将"可"写成"㕻";将"阝"写成是希腊字母"β"或是拉丁字母"P",如将"邻"写成"邻"、将"队"写成"队"等。

3.部件增减偏误

外国学生书写中出现的部件增减偏误,主要是外国学生给某个字增加或减少意符。

(1)部件增加偏误

部件增加偏误,即外国学生在书写时给某个字增加意符。举例来说,外国学生很容易将"及格"写成"极格"、将"喜悦"写成"嘻悦"、将"太平洋"写成"太评洋"、将"赞扬"写成"攒扬"等。

(2)部件减少偏误

部件减少偏误,即外国学生在书写时给某个字减少意符。举例来说,外国学生很容易将"城堡"写成"城保"、将"导致"写成"导至"、将"机会"写成"几会"、将"京剧"写成"京居"、将"习惯"写成"习贯"等。

4.笔画偏误

汉字的最基本构成元素是笔画,而外国学生在学习笔画时很容易出现偏误,其中较为常见的有以下几种。

(1)笔形偏误

通常认为,现代汉字的基本笔形是横、竖、撇、点、折,其中又以横笔和竖笔的出现频率最高。

由于外国学生特别具有拼音文字背景的外国学生来说,学习汉字笔画的形状是十分困难的,并且很容易从母语文字出发,将汉字笔画与自己母语文字的笔画进行简单比附,从而导致在书写汉字笔画时出现错误。比如,有些外国学生从拼音文字的弧线出发寻找其与汉字笔画的对应关系,从而在书写汉字笔画时很容易出现化直为曲的现象,如将"蓝"中的"皿"写成是"⌒⌒",类似于放倒的拉丁字母 B。此外,将短横变撇、将横钩变横、将竖提变竖、将竖弯钩变竖弯、将竖钩变竖、将横折弯钩变横折弯等,也是外国学生在书写笔画时经常会出现的错误。

在外国学生出现的笔形偏误中,还有一种常见的类型,即笔画变形偏误。举例来说,外国学生很容易,将"的"写成是"白"和"勺"的组合,将"地"写成是"土"和"也"的组合,将"常"写成是"尚"和"巾"的组合等。

(2)笔向偏误

笔向即笔画的走向,汉字的笔向是复杂多变的,因而外国学生在掌握时较为困难,且很容易出现偏误。比如,在写"口"这个字时直接画一个正方形,而不是按照其正常笔向进行书写。

(3)笔际关系偏误

画与笔画之间的关系便是笔际关系,而现代汉字的笔际关系是十分复杂的。以笔画与笔画之间是否接触为依据,可以将笔际关系分为三种:一是相离关系;二是相接关系;三是相交关系。以笔画与笔画之间的相对位置为依据,可以将笔际关系分为两种:一是长短比例关系;二是上下内外关系。

外国学生在书写汉字时,由于对笔际关系的掌握不够全面、深入,因而在书写时很容易出现偏误。举例来说,外国学生很容易将"八"写成"人"、将"天"写成"夫"、将"土"写成"士"、将"日"写成"曰"等。

(4)笔画数目偏误

在外国学生出现的笔画偏误中,笔画数目偏误可以说是最常见的一种。所谓笔画数目偏误,就是在书写时增加了笔画或是减少了笔画。举例来说,外国学生很容易将"西"写成"酉"、将"吏"写成"史"、将"真"里面少写一横等。

(三)外国学生汉字偏误的纠正

外国学生在学习汉字时出现偏误是不可避免的,但在对外汉语汉字教学中,教师应注意采取一定的措施,使外国学生少出现甚至是不出现汉字偏误。具体来说,可以采用的措施有以下几个。

1.要结合外国学生的认知特点进行因材施教

外国学生多是受过大学或高中以上教育的成年人,母语文化基础良好,且有较强的新事物和新知识认知与领悟能力,这对于他们来说是学习汉语和汉字的优势所在。但是,外国学生由于对汉语汉字大文化环境十分陌生,只能凭借自己已有的知识和经验通过形象联想来学习和记忆汉字,因而十分困难,且容易发生偏误。

实际上,外国学生之所以对学习汉字感到困难,主要是因为他们尚未建立起适合汉字学习的视觉记忆能力,等到他们学了一二百字并逐渐掌握了笔画、部件、偏旁、结构等知识后,便能较为容易地运用这些知识来学习和理解汉字了,并有效减少偏误的出现。因此,在对外国学生特别是初学汉语的对外学生进行汉字教学时,要注意结合他们的认知特点进行因材施教。

2.要对汉字的理据性特点进行深入阐述

对于外国学生来说,只有真正了解和掌握了汉字的理据性,才能找出汉字的规律,继而在书写和运用时有效减少偏误。因此,对外汉语教师在进行对外汉语汉字教学时,要注意对汉字的理据性特点进行深入阐述。

3.要重视笔画和部件的教学与训练

对外汉语教师在进行对外汉语汉字教学时,要重视笔画和部件的教学与训练,以便外国学生能够对汉字的各个构成部件的意义、来源、出现的部位以及笔画书写的相关内容等都有所了解,继而有效提高外国学生汉字学习基础,减少他们可能出现的汉字偏误。

二、对外汉语汉字教学的新模式

近年来,对外汉语汉字教学中出现了一种新的理念,即"认写分流"。该理念认为,汉字的认读与汉字的书写是两个不同的任务,且可以分步骤完成。在此理念的基础上,逐渐形成了一种新的对外汉语汉字教学模式。

(一)对外汉语汉字教学新模式的内容

对外汉语汉字教学新模式的内容,概括来说就是初期多认少写、中期多认多写、后期认写合流。

1. 初期多认少写

在对外汉语汉字教学的初期,对外汉语学生需要认读的汉字量要大大超过需要其会书写的汉字量。

2. 中期多认多写

这里所说的"多写"是相对于初期的少写来说的,而且并不是说认读多少汉字就要写多少汉字,而是要在认读基础上进行有控制的多写。

3. 后期认写合流

在对外汉语汉字教学的后期,要尽可能使对外汉语学生做到自如地随文识字和写字。

(二)对外汉语汉字教学新模式的实施条件

对外汉语汉字教学新模式强调多认,而对外汉语学生要想多认汉字,必须要有一定的主客观条件保证,具体如下。

第一,对外汉语教师要对汉字教学的教材进行大胆处理,即不能亦步亦趋地跟着教材走,要注意对教材内容进行总体考虑、精心设计和全面把握,并合理安排一个学年内需要学习的汉字的顺序。

第二,对外汉语教师要注意对汉字认读和阅读的相关材料进行合理编排,以保证对外汉语学生阅读的质和量。

第三,要保证能够为对外汉语学生每日复印阅读材料,或是借助于多媒体向对外汉语学生展示每日需要阅读的材料。

(三)对外汉语汉字教学新模式的实施步骤

在对对外汉语汉字教学新模式进行实施时,可具体遵循以下的实施步骤。

1.多认少写

在这一阶段,要求对外汉语学生能够全部认读综合课涉及的生词以及课文中的句子。在此基础上,要注意对对外汉语学生需要书写的汉字进行确定,并尽可能做到由简到繁、由难到易。

这里需要特别指出的一点是,这里所说的"多认"并不是说让对外汉语学生尽可能多地识记汉字,而是要以教学计划的安排为依据,让对外汉语学生对综合课中涉及的汉字进行反复认读;这里所说的"少写"并不是说让对外汉语学生尽可能少地书写汉字,而是要以课时的安排和课文的实际汉字量为依据,对汉字书写计划进行合理制定与安排。

2.多认多写

对外汉语学生在经过一段时间的学习,对汉字的基本笔画、部件、一部分偏旁、独体字和合体字等有了较为全面的了解和较为准确的掌握后,就需要对他们的汉字书写数量进行提高了,但并不是越多越好,也就是说要对汉字书写的数量进行一定的控制。

3.认写同步

认写同步意味着认写逐渐从分流走向合流,而要衡量对外汉语学生是否实现了认写同步,可以依据这样一个标准:是否综合课学了什么词语就会写什么词语。

第三节　对外汉语汉字教学的方法与技巧分析

对外汉语汉字教学的教学对象是千差万别的,但只要灵活地运用科学、合理的教学方法与技巧,便能使所有的教学对象都切实掌握所需学习的内容。

一、对外汉语汉字教学的方法

在进行对外汉语汉字教学时,根据汉字形体的特点以及对外汉语学生的具体情况实施行之有效的教学方法,是提升教学效率、提高教学效果的重要保证。因此,在进行对外汉语汉字教学时必须要注意选择合适的教学方法。就当前而言,常用的对外汉语汉字教学方法主要有以下几种。

(一)字源法

在现存的文字体系中,汉字是最为古老的一种文字体系,而且汉字在最初产生时与现代汉字的形态有很大差别。不过,从汉字的结构上来说,绝大多数古今汉字并没发生改变。因此,在进行对外汉语汉字教学时可以运用字源法,即通过甲骨文、金文、小篆等古代汉字形象的字形特点进行现代汉字的字形教学。同时,运用这种方法进行对外汉语汉字教学,能够使对外汉语学生了解汉字的历史、对汉字的结构特点进行深刻认知,建立起学习汉字的认知模式,还能使其更容易、准确地掌握现代汉字。

一般而言,字源法主要适用于表意文字的教学,如象形字、指事字和会意字。

在汉字中,象形字所占的比例并不高,但是构成新字的重要部件。因此,要想更为容易地学习汉字,就必须要掌握象形字。

象形字的字形十分类似于事物的外部轮廓,通常看到字形就能够对其所表示的事物进行认知,如月(⽉)、火(⽕)、耳(⽿)等。

指事字是象形符号加标识构成的,表示字所代表的意义,如本(⽊)用"·"来标识树根的部位,说明其本意是树根。

会意字"由两个或两个以上的形体或字构成,把形体或字的意义组合在一起,表示新字的意义"①,如休(⺊)由"人"和"木"构成,便是人靠在树上休息。

(二)字族法

字族法,简单来说就是通过构建字族进行汉字教学的方法。在对字族进行构建时,常用的方式主要有以下两种。

第一,将某个独体字作为字族内的母字,通过进行笔画添加的方式来构成不同的汉字,如独体字"白"构成的白、皓、皂、皎、皈、皜等汉字系列。

第二,将某些特殊笔画为母字,通过进行笔画添加的方式来构成不同的汉字,如"乛"组成的乃、奶、仍、扔、扬等汉字系列。

(三)字素分析法

字素分析法,就是对构成汉字的要素分析解构进行汉字教学的方法。具体来说,字素分析法就是将一个字分成几个相对独立的部件。比如,将"的"分为"白"和"勺"两个部件、将"集"分为"隹"和"木"两个部件、将"椅"分为"木""大"和"可"三个部件等。这样,在对汉字进行记忆和书写时便会变得比较容易。

(四)部首法

在进行对外汉语汉字教学时,部首法的运用是十分广泛的。所谓部首法,就是通过分析汉字的字形结构来帮助对外汉语学生识记和书写汉字。

----

① 陈枫.对外汉语教学法.北京:中华书局,2008:163.

一般而言,汉字的部首相同,其所表示的汉字在意义上也会有一定的联系。以"木"这一部首来说,由其构成的字基本上都与树、木材有关,如柳、柏、杨等都表示树,桌、椅、床等表示木制的用具。

(五)字音法

字音法,就是利用字音进行对外汉语汉字教学的方法。在现代汉语中,同音字占有的比例是很大的,且是对外汉语汉字教学的一个难点。而利用字音法进行对外汉语汉字教学,能够在一定程度上化解同音字带来的问题。具体来说,在对外汉语汉字教学中利用字音法,又可以细分为以下几种情况。

第一,借助于同音异形字法对同音字进行区别,如"防、妨、房、肪""照、赵、罩""风、封、峰、丰、蜂"等。

第二,借助于声韵同音字法(即利用汉语四声别义别字的方法)对同音字(严格来说是近音字)进行区别,如"fu"系列的"富、福、幅、副"等。

第三,借助于同音形近字法对同音字进行区别,如"才、材、财""彩、采、踩、睬""篮、蓝"等。

(六)部件法

在现代汉字中,合体字的数量也不少。在合体字中,很大一部分是表音字和表意字,但也有一些合体字既非表意字也非意音字,因而难以利用部首法进行教学。这时,就可以利用部件法对这些特殊的合体字进行教学。也就是说,部件法主要用于对丧失理据的合体汉字进行教学。

在对外汉语汉字教学中运用部件法时,以下几个方面要特别予以注意。

第一,要尽可能选择有较强的构字能力、能够进行称说的成字部件,如"木""人""女""王"等。

第二,要先教授笔画较为简单的成字部件,再由其组成合体字。比如,先教"弓"和"长"这两个部件,再由其构成合体字"张"。

第三,要教给对外汉语学生如何将一个复杂的汉字拆分成熟悉的部件字。比如,将"谢"字拆分为"言""身"和"寸"。

(七)字义法

字义法,就是利用汉字的字义进行汉字教学的方法。在对外汉语汉字教学中运用字义法,又可以细分为以下两种形式。

1.利用语义场系联法进行对外汉语汉字教学

利用语义场系联法进行对外汉语汉字教学,就是在进行对外汉语汉字教学时将意义上有关联的字放在一起,以引导对外汉语学生通过意义的关联进行联想来掌握更多的汉字。

常用的语义场系联情况有同义系联(如宽与阔、爸与父、江与河等)、反义系联(如难与易、胖与瘦、白与黑等)、同类联想系联(如猫与狗、红与黄、盘与碗等)。

2.利用语境系联法进行对外汉语汉字教学

利用语境系联法进行对外汉语汉字教学,就是在进行对外汉语汉字教学时通过词语、句子、短文对汉字进行系联。比如,通过儿歌中的"家族歌"引导对外汉语学生学习亲属称谓字。

(八)对比法

在现代汉语中,形近字、音近字和同音字占有一定的比例。而对外汉语学生在对这三种类型的汉字进行学习时,很容易出现认读和书写偏误。要对这种情况进行有效解决,就必须要借助于对比法进行对外汉语汉字教学,以促使对外汉语学生更容易对这些类型的汉字进行认知与辨别。

1.运用对比法进行形近字教学

汉字只有几个基本笔画,但这些笔画可以进行任意组合,且在书写的长度等方面有一定差异。因此,只要对笔画进行稍稍变化,就会形成一个不同的字,如"己与已""田与电""干与千"等。另外,笔画的增加或减少也会导致形近字的产生,如"大与太""白与自""学与字"等。

对于这些形近字,在进行对外汉语汉字教学时一定要注意归纳、对比与分析,并注意对它们的差别进行强调,以便对外汉语学生能够对它们进行有效区分。

2. 运用对比法进行音近字、同音字教学

前面已经提到,音近字、同音字是对外汉语汉字教学的一个难点。而利用对比法对其进行教学,能够使对外汉语学生更为准确地掌握这些音同而义不同的字,并加深对汉字声旁表音作用的认识。

二、对外汉语汉字教学的技巧

在进行对外汉语汉字教学时,运用一定的技巧不仅能有效调动对外汉语学生的汉字学习积极性,使课堂更为活跃,也能使对外汉语学生更为容易地掌握所学的汉字知识。在这里,将具体阐述一下汉字知识教学的技巧、认读汉字教学的技巧、写字教学的技巧和记忆汉字教学的技巧。

(一)汉字知识教学的技巧

进行对外汉语汉字教学,并不是仅仅教授汉字的形体、读音、意义,还需要教授对汉字特点有所反映的规律性知识。而且,进行对外汉字知识教学有助于培养对外汉语学生的汉字自学能力、提高对外汉语汉字教学的效率与质量。在进行对外汉字知识教学时,可具体运用以下两个技巧。

1. 例字显示

通常而言,汉字知识是带有一定规律性的,而且会对专业的文字学理论和文字学术语有所涉及。这对于对外汉语学生来说是比较难理解和接受的,而且汉字知识的教学很容易打击对外汉语学生汉字学习的积极性。为改变这种情况,需要在进行汉字知识教学时运用例字显示这一技巧,即从对外汉语学生已经学过的汉字中列举出体现汉字知识的字例,让其从中发现汉字的规律。这样,对外汉语学生在理解汉字知识时便会变得比较容易。

2.精讲多练

对对外汉语学生进行汉字知识教学,最根本的目的是提高他们的汉字认知和运用能力。而要使知识转化为能力,多练可以说是最为直接且最为有效的方法。为此,在进行对外汉字知识教学时,要注意精讲多练,即合理调控讲解和练习的时间分配,尽可能让对外汉语学生有更多的时间和机会进行汉字的书写、记忆和运用的练习。

(二)汉字认读教学的技巧

汉字认读是对外汉语汉字教学的一项重要内容,同时它也是对外汉语学生学习汉语的重要目的之一。因此,在进行对外汉语汉字教学时要重视汉字认读教学。而在进行具体的对外汉字认读教学时,可以采用以下几个技巧。

1.利用教具认读汉字

在进行对外汉字认读教学时,利用图片、卡片、实物等教具认读汉字是经常会用到的一个技巧(图 7-1)。

图 7-1

通过这种对外汉字认读教学的教学技巧,不仅能活跃课堂气氛,提高对外汉语学生汉字学习的兴趣和积极性;而且能帮助对外汉语学生直观地对汉字的特点、意义以及音与意的联系进行了解,进而更为容易、准确地对其进行记忆与运用。

2.利用板书认读汉字

利用板书认读汉字,就是在进行对外汉字认读教学时,教师在课前或刚上课时,将所需学习的汉字写在黑板上。

运用这一技巧进行对外汉字认读教学,不仅方便、灵活,而且能对教学重点和教学难点进行突出。

3.利用偏旁归类认读汉字

利用偏旁归类认读汉字,就是在进行对外汉字认读教学时,利用偏旁对形近、同音字进行辨别。借助于这一技巧,能够使对外汉语学生学会在阅读时利用偏旁辨析形近、同音字,以减少它们对自己阅读的影响。

4.利用以旧带新认读汉字

利用以旧带新认读汉字,就是在进行对外汉字认读教学时,通过对外汉语学生已经学过的字来带出将要学习的新字。

在运用这一技巧进行对外汉字认读教学时,要注意依据对外汉语学生的实际水平来设计,同时所列旧字不可过多,以免增加教学内容,减少对外汉语学生学习生字的时间。

5.利用汉字解释认读汉字

进行汉字解释,就是以汉字的特点为依据,对其形、音、义进行分析与讲解。借助于这一技巧,对外汉语学生可以更好地把握汉字的字形、字音和字义,继而更好地认读汉字。

通常而言,汉字解释又可以细分为三种情况:一是汉字的字形解释,即以字形为依据对汉字进行解释;二是汉字的字音解释,即利用汉字形声字的声符具有部分表音的特点对汉字进行解释;

三是汉字的字义解释,即以汉字的表意特点为依据对汉字进行解释。

6.利用生活情境认读汉字

对于对外汉语学生来说,汉字学习不能仅仅停留在课堂,还要走进社会对汉字进行学习。因此,在进行对外汉字认读教学时,要注意引导对外汉语学生利用生活情境来认读汉字。

(三)汉字写字教学的技巧

在对外汉语汉字教学中,汉字书写教学也是一项非常重要的内容。而在开展对外汉字书写教学时,要想获得最佳成效,可以借助以下几个技巧。

1.利用板书临摹书写汉字

在对外汉字书写教学中,板书临摹是一种操作方便且效果显著的汉字书写教学技巧。对外汉语教师在利用这一技巧时,要特别注意以下几个方面。

第一,要引导对外汉语学生对自己的书写进行仔细观察。

第二,要保证书写的笔画清晰、字形较大、速度要慢。

第三,要对需强调的笔画和部件进行突出。

第四,要在书写汉字的同时对其进行解释。包括汉字笔画的运笔技巧、结构安排特点等。

第五,要适当让对外汉语学生到黑板上板书,以更加直观、客观地审视他们在书写时是否存在问题。

2.利用字格抄写书写汉字

这是一种较为机械的对外汉字书写教学技巧,但能够帮助对外汉语学生有效掌握汉字的规范写法和书写技巧(图7-2)。

你	丿	亻	亻'	亻尔	亻尔	你
你						
好	乚	乄	女	女'	好	好
好						
他	丿	亻	亻也	亻也	他	
他						
们	丿	亻	亻'	亻门	们	
们						
吗	'	口	口'	吗	吗	
吗						

图 7-2

3. 利用书空说字书写汉字

这种对外汉字书写教学技巧是让对外汉语学生用右手食指在空中写汉字,边写汉字边说汉字的笔画、结构和部件。这一技巧能够对人的多种感觉器官进行有效调动,从而使对外汉语学生更容易地对汉字字形进行记忆。同时,这一技巧能够对对外汉语学生的汉字学习情绪进行调节,使他们减少因大量抄写汉字而产生的消极厌烦情绪。

不过,书空说字毕竟是在空气中书写,难以对汉字书写的规范性进行有效判定,因而这一技巧需要与其他技巧进行结合使用。

4. 利用填空练习书写汉字

这是一种能够对对外汉语学生的汉字掌握情况和汉字书写情况进行有效检查的教学技巧,最为主要的方式是写出拼音,让对外汉语学生填汉字。

(四)汉字记忆教学的技巧

在对外汉语汉字教学中,最为重要的一个环节便是帮助对外汉语学生记忆汉字,包括汉字的字形、字音、字义方面。对外汉语学生只有真正记住了某一汉字,才能对其进行正确书写和有效运用。因此,对外汉语汉字教学不能忽略汉字记忆教学这一重要的内容。而在进行具体的对外汉字记忆教学时,可以借助于以下几个技巧。

1.通过游戏记忆汉字

对外汉字记忆教学中,可以利用的游戏主要有字谜游戏、添加笔画变新字游戏、添加部件变新字游戏、拼字扑克游戏、生字开花游戏、组词接龙游戏、字中字游戏等,这里主要分析以下字谜游戏。

字谜可以说是中国传统的益智游戏,利用其进行对外汉字记忆教学,不仅能活跃课堂气氛、增加对外汉语学生对汉字学习的兴趣,而且能使对外汉语学生认知汉字形音义结构的能力得到提高。例如:

一口咬掉牛尾巴。(谜底:告)

空"山"之中一块田。(谜底:画)

两口子一条心。(谜底:串)

一箭穿心。(谜底:必)

有"意"无"心"。(谜底:音)

左边一千少一,右边一千多一。(谜底:任)

一手推倒山。(谜底:扫)

此字谁也写不正。(谜底:歪)

这里需要特别指出的一点是,由于对外汉语学生识字量以及对中国文化知识的认知有限,因而在利用文字游戏进行对外汉字记忆教学时要尽可能选择难度较小且内容有趣的字谜,同时字谜的谜底必须是对外汉语学生已经学过的汉字。

2.通过听写练习记忆汉字

在对外汉语汉字教学中,听写练习常常被用来帮助对外汉语学生来记忆汉字。所谓听写练习,就是让对外汉语学生通过字音回忆字义,继而写出正确的字形。它不仅有利于对外汉语学生将汉字的形音义联系在一起进行记忆,而且有利于教师对对外汉语学生的汉字记忆情况和书写情况进行检查。

3.通过奇特联想记忆汉字

在现代汉语中,有很多字的字理是难以进行解释或是根本没有字理的。为了让对外汉语学生更容易地记住这些汉字,就可以借助于奇特联想的方式,或是利用同音或音近字的意义联想,或是从字形的特征或是形近字的区别方面联想。举例来说,对于"左"和"右"这两个字,可以引导对外汉语学生将"左"下的"工"与其声母"Z"联系起来,把"右"中的"口"联想成"人们总是用右手把食物送入口中"。这样,对外汉语学生既能记住这两个字,也能对这两个字进行准确区分。

为了帮助对外汉语学生更好地记忆汉字,一些对外汉语汉字教学的研究人员还利用奇特联想编制了一些近乎荒诞的字理。例如:

去:云上有竖表示远去。

图:画框里有一幅冬天图。

要:夕阳西下,女人要回家做饭了。

开:二样东西用二竖分开。

总的来说,在对外汉字记忆教学中运用这一技巧,能有效活跃课堂气氛,提高对外汉语学生和记忆汉字的兴趣和积极性。同时,在对外汉字记忆教学中运用这一技巧,要特别注意以下几个方面。

第一,在联想时既可以与文字学的字源字理相符合,也可以不相符合。

第二,在联想时要注意因人而异。

第三,在联想时要尽可能蕴含一定的情理。

第四,不可滥用这一技巧,以免影响对外汉语学生汉字构形意识的形成。

第八章　跨文化视角下的对外汉语课堂教学

受到不同文化的制约,对外汉语课堂教学应充分考虑不同文化背景下学生的语言特点,在此基础上对其开展教学活动。在进行语言教学的同时,应不断扫除跨文化交际障碍,传播中华文化。本章内容就对跨文化视角下对外汉语课堂教学进行具体研究。

第一节　跨文化视角下的听力教学

对外汉语听力教学主要是为了提高学生的听力技能,在对外汉语听力教学中,教师应通过各种有意识的教学手段帮助学生结合中国的文化环境,准确理解所给材料,不断培养和提高学生听话和理解的能力,进而达到顺利沟通交流的教学目的。

一、听力教学的任务

对学生开展听力教学,主要是为了提升其听力技能。听力能力综合了听力速度、记忆、判断、概括等多项因素,是对语音、语法及词汇综合运用的能力。因此,为提高学生听力,听力教学应培养学生以下几方面能力。

(一)培养学生听音辨调与语流切分的能力

1.听音辨调

音节是汉语在语音上的基本感知单位。声母、韵母和声调是音节三个重要的组成部分,任何一个部分的差异都可能会形成不同的词汇,表达出不同的意思。

所谓听音辨调,是指"听清和辨别汉语的每一个音节的声韵调以及音节与音节的组合,并且理解它所代表的词的意思"[①]。通过听力训练,学生要能够对一串音节中的一个个的词进行解析。由于汉语中存在大量同音词、近音词,外国学生在听辨意义时常常遇到困难。例如,常常把"饱"听成"跑",把"汽车"听成"骑车"等,对整个句子产生误解。因此,听力教学首先要培养学生的汉语语音的音感和提高学生听觉器官辨析汉语语音的灵敏度。

另外,重音、语调也具有区别语义的作用。词重音的位移可以表达不同的语法意义,具有辨析语义的功能。例如,"他是英国人"这一句话,当重音在"他"上,回答的是"谁是英国人"的问题;而重音在"英国人"上,则回答的是"他是哪国人"的问题。通过语调,能够感知到说话者的态度或意图,进而顺利进行言语交际。例如,针对"你喜欢他吗?"这一问题,同样是回答"我喜欢他",用降调表示肯定,用升调则表示否定。因此,在具体的听力教学中,教师要注意结合具体语境对学生进行相关训练,使学生能够根据汉语口语中的重音、语调、节律准确领会说话者想要表达的意思。

2.语流切分

语流切分主要是为了更好地理解义群、识别句中停顿。同样一句话,有时由于停顿的不同,表达的意义也会完全不同。例如,"广东队打败了,八一队获得冠军"与"广东队打败了八一队,获得冠军"。在理解一些长句时,学生往往由于不能正确切分语流而产生疑惑。例如,根据"我一九九六年去过美国,这是第二次去。"给出的信息提问"我第一次去美国是哪一年?",这样的问题虽然看着比较简单,但由于一些学生将"一"跟"我"连在一起,就不知道如何作答了。

(二)培养学生对句法结构认知的能力

虽然学生对句法结构知识的掌握主要是通过综合课完成的,

[①] 周小兵.对外汉语教学导论.北京:商务印书馆,2009:148.

但听力教学能够有效强化学生对所学语法知识的理解与运用。与英语相比,汉语由于不存在形态上的变化,因此主要通过语序与虚词实现不同语法意义的表达,在听力教学中要对其予以充分重视。例如,"我告诉他"与"他告诉我"由于词序不同,其表达的意义也不相同;"我买的苹果"与"我买苹果"因有无虚词"的"而表达了不同的句法意义。此外,汉语中修饰语通常都放在被修饰的成分之前,且因受到短时记忆的限制,中心语前面的修饰语不应该太多太复杂。为提高学生的听力能力,教师应引导学生对语法有一个全面深刻的认识,不断丰富学生的经验。

(三)培养学生的记忆储存能力

听力理解综合了注意、记忆、思考、综合判断等过程。学生通过听将词语和语法结构组成的新信息与大脑中已储存的信息进行联系,进而领会其中要表达的意思。可见,记忆在听力理解中发挥着十分重要的作用。

记忆主要包括短时记忆和长时记忆。通过再现和重复,能够使学生将听力材料转化为长时记忆储存在大脑中,使之再参加解码和重新编码的活动,在此过程中,不断提升听力能力。

(四)培养学生捕捉主要信息的能力

听力教学应引导学生准确认识汉语意义表达的规律,筛选出核心信息及有用信息,进而抓住话语表达的关键意思。要准确捕捉话语信息,最主要的是通过名词和动词,其次是虚词。例如,在"请你把门打开"这句话中,"打开""门"是两个最重要的传达信息的词,加上表示处置义的"把"这个虚词,就很容易明白话语意思。

从语用上来看,汉语属于"话题话语倾向型"语言,也就是说,在说话时,往往将重点信息先说出来,居先的话题通常是核心信息。例如,"你要的那本杂志我给你买来了""那姑娘,模样长得俊,心眼又挺好"等。同时还要注意培养学生领会言外之意。

（五）培养学生抓细节以及精听的能力

在准确捕捉核心信息的基础上，教师应引导学生对语言中关键的、具体的信息进行准确听辨，从听力的形式上进行区分，即精听。

听话人所听的材料往往是与具体的人物、语境、时间、地点相联系的，只有准确把握这些细节性信息，准确把握论述的论据、事例等，才能准确理解材料想要表达的内容。而想要获取细节性信息，既要能够准确听辨、识别语音，还要不断提升记忆能力、记录速度。因此，在听力教学中，教师要培养学生边听边记的习惯，指导其采用最快捷的方式迅速记录下关键信息。

（六）培养学生联想猜测和预测的能力

猜测、估计、想象在听力理解过程中发挥着重要的作用，因此，要想提升学生的听力能力，不仅要使其积累丰富的词汇、语法知识，还应指导其运用联想、猜测与预测对听力内容进行理解，这是听力理解的基本技能。例如，当听到"虽然"，就可以预测到下面谈的意思会发生转折。另外，还应根据句意进行猜测。

（七）培养学生快速反馈的能力

听力理解的过程是意义建立的过程，但在意义建立的同时，理解过程并不会停止，这就需要听者根据对语言的理解迅速做出反馈。如果话语本身传达的就是一个判断信息，听话人应将其作为新信息储存在记忆里；如果话语是要求做出判断或回答的，听话人就需要将新信息与记忆里已储存的信息进行整合，进而得出相应的信息。

二、听力教学的过程

听力教学的过程主要可分为听前准备、边听边做、听后练习三个阶段。

（一）听前准备

所谓听前准备，主要是指让学生在听力开始前充分调用已经掌握的知识，对所听的材料进行预测、推断。例如，在听关于"大熊猫"的听力材料前，可以先告诉学生大熊猫是材料的主要关涉对象。如果材料中有大量学生不熟悉的信息，他们在听力过程中就会遇到重重障碍，因此教师在听力开始前要做一些铺垫。一段好的听力材料，要做到难易适当，让学生通过已掌握的知识，以及猜测等技能，能够准确理解其中所传达的意思。而如果一段听力材料学生基本上没有听懂，就失去了听的意义，只能说明所选材料不符合学生的听力水平。

听前准备主要有两种方式。一种是关于内容的准备，这种准备是给学生设置某种情景，提供某种背景知识，可以使学生避免听时一下子摸不着头脑的情况。另一种是所谓先扫清语言障碍，即教师先把生词（或语法结构）拉出来讲解，然后再听。这种方法是很多教师采用的，但也是存在争议的。

（二）边听边做

在真正实施听力教学时，主要可通过面听（如教师念，学生听）、机听（如听录音或广播）、视听（如看录像听）三种方式进行。通常以机听为多。

在具体教学过程中，根据材料的难易、篇幅的长短，听的次数可以有所调整。但一般认为三遍左右较为适度。第一遍通常不停顿，要求学生对材料的大致内容有一个初步的理解，整体性把握句子、段落、篇章。第二遍要求学生在听力任务的指引下，筛选出材料中的重要信息，也包括修正听第一遍的听辨错误。第三遍主要是对任务正确性的检查。

（三）听后练习

边听边做是在听力过程中完成听力理解任务。听后练习则是在听力结束后完成理解练习。另外,在中高级阶段的听力课上,还常使用另一种听后练习,即将听转移到说或写的活动上来了。

三、听力教学的方式

听、说、读、写四种技能往往是综合运用的,在听力教学中也应与其他方面相结合,采用多种教学方式,具体如下。

(一)听与说结合

听说结合又可具体分为以下两种形式。

第一种是先说后听,在听力教学的准备阶段,教师可以通过提问等方式让学生熟悉听的主题和任务,学生则通过"说"(回答)调用出大脑长期记忆贮存的各种知识,为"听"做准备,"说"是"听"的"热身运动"。通过"说",学生熟悉了"听"的内容,通过教师的引导,听力材料中的语言结构和生词也可以"埋伏",在"说"中得到操练。但不要忘记"说"是为"听"做准备的,信马由缰地"说",或"说"的时间大大超过了"听"的时间就离谱了。

第二种是先听后说。先听后说主要是指听完后学生根据听的内容和教师布置的任务进行"说",如回答问题,复述情节和大意,发表看法和评论等。这里的"说"是检查听力理解的重要手段和方法,主要看学生是否听懂、理解了意思,练习"说"则是次要的目的,不要本末倒置。

(二)听与读结合

阅读与听似乎离得比较远,其实在做听后判断正误或听后多项选择就已经是在"读"了,通过读后的练习来检查听力理解。需要注意的是,有些人错误地认为听后打钩画圈是听力训练的唯一方式和手段。有的教师采用边听边看材料的方法,或听后再发给学生材料阅读的方法进行教学,也有利于听力理解能力的提升。

（三）听与写结合

听与写的结合，既可以是听写，也可以是边听边记，还可以是听后书面完成任务，比如回答问题，写出大意等。相关理论认为，听写是全面检查学生语言能力的一种有效的手段，听写不仅仅是写汉字，还有理解的问题，如词界的切分问题等。句子和段落应该是听写的重点，听的方式（教师念还是放录音）和语速则应该循序渐进。边听边记主要是记大致的东西，比如大致情节、主要意思、要点等。需要注意的是，理解是"记"的前提，只有理解了，才能抓住要害。这种练习能够为学生日后从事高层次专业的学习和工作奠定基础。

（四）听与做结合

听与做主要是以完成另类任务的方式来检查听力理解。例如，边听边要求学生画一张路线简图，边听边让学生在黑板或图纸上指出听到的东西，要求学生按照听的指令或要求进行表演等。这种教学方式对听力材料的要求比较高，但学生听的注意力能够集中在听力材料的内容上。

（五）听与听力策略培训结合

相关研究表明，认知策略和元认知策略是影响听力的重要因素，认知策略是直接与听力的认知过程联系在一起的。例如，利用大脑的已有知识理解听力材料，猜测意义，跨越听力障碍，捕捉关键词语，等等。元认知策略包括计划、调整、组织、安排自己的听力活动，监控和评估自己的听力理解过程等。听力策略培训主要是为了让学生明确意识到自己听的方式，及时对自己使用的听力策略和方法进行调整。

从目前情况看，听力策略培训主要有两种方式，一种是结合实际的听力材料和听的活动进行，例如，在听前告诉学生不同类型的听力材料相应的方法，或者在听后跟学生一起讨论听力理解的心得。另一种是开设专门的听力策略培训课或辅导讲座,从理论和实践两个方面帮助学生提高对策略的认识,从而在听力实践中去有意识地运用这些策略。

第二节　跨文化视角下的口语教学

口语教学主要是训练学生在实际生活中准确运用汉语进行语言交际的能力,通过训练学生运用汉语准确表达自己的要求和想法的能力,使其能够在汉语文化语境下顺利进行交际活动。

一、口语教学的任务

口语教学的任务主要是培养学生对语音、词语、语句进行准确理解和运用的能力以及语言组织能力,下面对其进行具体分析。

(一)培养学生对语音的理解运用能力

语音是学习语言的基础,只有学好语音,才能掌握语言表达技能。口语教学首先要让学生学好普通话的标准发音,包括 21 个声母,39 个韵母和四个基本声调,以及除声、韵、调以外的语音规则,如轻声、儿化、变调等。在教学过程中,应对学生的错误发音进行纠正,培养其正确发音习惯。

(二)培养学生对词语的理解运用能力

汉语词汇的积累对于学生对汉语的理解和运用至关重要,因此,口语教学要在扩充学生词汇量的同时,不断向其教授常用口语词和口语化的惯用表达方式,包括有实在意义的,也包括只起强调语气作用的惯用语。在进行这些内容的教学时,应从语用规则入手,切忌概念化地讲解生词或孤立地拿出一个词让学生造句,最好设计情景,让学生在话语中对词语进行理解,并能够准确运用。

（三）培养学生对语句的理解运用能力

让学生掌握那些功能意义相同的各种表达方式也是对外汉语口语教学的重要任务之一，例如，表示感谢的说法有"谢谢""多谢""太感谢了"等。

（四）培养学生语言组织能力

对外汉语口语教学还讲究语言的组织，其要求学生能在一定的情景下就某项功能进行基本会话。通过口语表达技能的训练，可以训练学生快速语言表达的能力，恰当地选词造句的能力。

二、口语教学的特点

（一）互动性

具体的交际对象是使用口语的一个基本条件，没有了交互对象，就没有了口语的使用场合。可以说，口语教学也是教师与学生之间、学生与学生之间的一个互动过程。

口语交际不仅要做到语言形式的正确和语言运用的得体，更重要的是在互动过程中，双方要能理解彼此的意思。从这个意义上说，口语教学过程重视的也是语言意义的互相交流，但这并不意味着放弃语言形式。

（二）跨文化性

第一语言的交际能力对第二语言的交际能力有着重要的影响。由于人类的交际手段是在全人类共同发展的基础上形成的，具有相对的一致性，这使得人们在学习第二语言时，交际能力的正迁移得以实现。但语言毕竟是文化的载体，文化的多样性，决定了语言交际的差异性。如果学生将母语的交际模式错误地套用在相应的汉语交际场合，这就会违反汉语的交际惯例；如果学生不了解或不理解中国文化与他们的文化之间的差异,就很可能对中国人的交际方式和语言行为进行误判。这就需要在进行口语教学时要培养学生的跨文化意识。

(三)准确性和流利性

成功的口语交际取决于口语的质量,而高质量的口语主要表现为口语的准确性和流利性。

口语的准确性既是指语言内容的准确性,也是指语言知识运用的准确性。口语的流利性,不仅仅是语速快,还应具有以下特点:谈话有连贯性、逻辑性;在一段时间内的谈话应该没有显著的停顿;谈话内容富有创造性和想象力;在各种不同场合说话时具有较强应变能力。

对外汉语口语教学的过程始终是围绕着准确性和流利性展开,但我们应该清楚地认识到,准确性在口语教学中是第一位的,它是流利性的基础。另外,对于准确性和流利性,不同的课堂练习是可以有所侧重的。而且,在对外汉语教学的不同阶段,面对不同水平的学生,训练策略也应相应地进行调整。

(四)交际性

交际性是口语教学的一大特点。在口语教学中,要重视口语的交际功能。说话是一种言语行为,是为了做事,是为了通过传递一定的信息进而达到交际的目的或意图,这就是所谓言语行为的"功能"。

由于口头交际具有"即兴"、临时、多变的特点,大量的口语是无计划、无准备的。这就需要,学习者要结合具体的语境对词汇、语用规则进行理解,在语境中运用他们的语言知识不断加强记忆。

三、口语教学的基本原则

在进行口语教学时,应遵循以下几点基本原则。

（一）明确初、中、高级内容的重点

在开展口语教学时应做到因材施教，教学内容要根据不同阶段水平的学生有所侧重。初级口语教学注重语素教学和言语技能的训练，主要是让学生学会单句；而中高级口语教学则是注重语义交际技能的训练。

（二）注重合作

在口语教学过程中，常常由于学生的汉语水平有限、语言能力不够；文化背景有差异；学生对讨论的话题没有兴趣或是不了解等原因而开展不下去。因此，在口语教学中，要充分考虑学生的知识水平、接受信息的能力和所处的社会语境，即遵循合作原则。

（三）要注重两种言语的转换

在口语教学中，应该注意口语的产生和目的语口语的培养之间的差异。可以说，口语教学的主要任务是加速母语口语和目的语口语之间的转换过程。从运用母语思维表达逐步过渡到母语和目的语合用，而后基本用目的语来思维和表达。为实现两种言语的转换，口语教学应选择具有实用性、交际性的训练内容。

（四）要对语句予以重现

只有多听多说，才有利于促进口语的提高。虽然在阅读、听力中已经含有很多能理解的词语、句子，但是口语中不一定能运用、说出。即是说，在视听过程中掌握的词语、句子，已经形成长时记忆，但是它们在脑库的语言结构中不一定很完善，妨碍和影响了说话时对它们的匹配和提取。因此，学生们只有大胆说出口，才能在口语表达方面取得进步。需要注意的是，目前的一些会话课本，其中的对话内容有一大部分是属于听的。虽然口语和听力之间是密不可分的，但从口语训练的角度来说，必须加强常

用口语的练习,而不应花费过多的时间和精力在听的方面。

(五)要留有足够的训练时间

通常来说,口语训练是讲究即兴的,很大一部分话语是在临时思索和组织中产生的。在思索的过程中,需要不断进行推敲、斟酌,因此,难免会出现停顿、重复、纠正、插入等现象。这就需要,在口语教学过程中,要让学习者有充足的训练时间。因此,在口语的课堂教学中,教师要留出足够的时间让学生进行操练。

四、口语教学的过程

教师组织口语教学的过程大体上可以分为:明确教学目标的过程、练习和运用的过程、反馈和评估的过程、保持和迁移的过程。

(一)明确教学目标的过程

在这个过程中,教师要向学生陈述和展示口语教学的目标和内容,以引起学生注意,让学生明确自己要做什么。这个过程可以通过几个方面来实施。

第一,让学生明确学习任务,教师要通过不同的方式告诉学生所要学习的内容将在何种情景场合下使用。例如,在学习"假日旅行"这样的口语材料时,应先告知学生这是关于订票、订房这样程序性用语的学习还是与度假方式有关的学习。

第二,刺激学生对过去学习的回忆。教师应了解学生在有关所学项目的学习记忆中是否已贮备了足够的支持性信息。同时教师应给予学生适当的刺激(如通过提问方式),让他们回忆相关的背景信息和语言信息,促使他们从记忆库中提取已有的知识和经验。

第三,呈现需学习的话语材料。教师可以通过文字阅读(课文、范文)、录音、视听媒体的演示或表演等方式呈现学习材料。

(二)练习和运用的过程

教师是练习和运用过程的指导者。在口语教学的初级阶段，教师如果确定语音、语调是练习重点，就会布置相对机械的模仿练习。而到了稍高阶段，情景对话练习就更多地被采纳。在这一过程中，我们要记住的是：操练意义上的"说"跟交际意义上的"说"是不同的，后者是出于一定的交际目的，且说话双方存在着信息差（有未知信息，故要交际）。口语教学不能只停留在形式操练阶段，目标是使学生能够自由表达与交际。

(三)反馈和评估的过程

这一过程主要是对学生知识和技能掌握情况的检验，同时对口头表达的质量进行适当的评价，对出现的问题进行适当的纠正，对正确的进行鼓励，以进一步固定正确的话语形式，同时对学生缺漏的知识做出适当的补充。反馈和评估方式有很多，如点头、摇头、微笑、皱眉或语言说明等，给出正确的反应是十分必要的，另外，教师还应维护学生开口说话的积极性。

(四)保持和迁移的过程

这一过程主要是为了让学生保留和维持对所学知识及其应用的记忆，并能使用所学的口头表达内容和方式向类似的话语语境转换。通常情况下，迁移的水平越高，保持的程度就会越好。在具体教学中，保持和迁移可以由复习和课外实践（具体应用）来完成。

五、口语教学的方式

对外汉语口语教学的方法主要包括以下几种。

(一)互动问答法

问答是口头交际得以生成的最基本的手段，是交际得以延续的必要形式,也是在实际交际中最频繁发生的言语行为,因此问答是普遍采用的口语教学方式之一。需要注意的是,互动问答强调的是师生之间、学生之间的双向互动作用。问题可以由老师问学生,学生问学生,也可以由学生问老师。在这个教学过程中,教师与每一位作为个体的学生都处在平等的地位,教师应尊重学生的主体性,避免使其处于被动地位。

问答的设计可以以语言结构为纲,也可以以话题为纲。学生之间的问答可以是交叉式的,也可以是循环式的;可以问相同的句型,也可以根据生词提不同的问题。可根据具体情境而定。

(二)直观描述法

在口语教学中,教师可以通过让学生观看图片、实物、影像资料等,进行直观的口头表达。学生既可以对某一张照片进行静态的描述或拓展性的表达,也可以对几张情节相关的图片进行动态的过程描述。随着影像资料和多媒体技术的不断完备,这种教学方式的空间得到了极大的拓展。

(三)情景对话法

在口语教学中,教师可以通过情景对话法来进行教学。教师可以为学生设置某一具体情景,让学生在设置的情景中进行交际,完成交际任务。例如,交际双方,甲撞倒了乙(情景),甲上句说"对不起",乙下句接"没关系"。

(四)演讲报告法

演讲报告法通常运用于中高级阶段的口语教学。口头演讲和报告可以由教师根据教学计划和教学内容的安排定题,也可以由学生根据兴趣自选题目。通过这种方法,能够有效提升学生运用汉语进行自由表达思想的能力。成人学生对各种现象和事理往往都具有不同的观点,不同的文化背景又使得学生具有不同的价值伦理观念。尝试用汉语对这种见解和观念进行表达,有助于培养学生运用汉语思维的习惯,早日实现从母语思维向汉语思维的过渡。

(五)组群活动法

组群活动法是让一定数量的学生组合在一起,在组群内互相合作配合做一件事或完成一项具体的任务,"做事"的过程也是口头交流的过程。

组群可以随意进行划分,也可根据学生不同的年龄、不同的国籍、不同的家庭背景、不同的兴趣等来进行划分。由于从本质上讲,口语是由社会驱动的,因此口语课堂教学应将合作作为一种社会行为,以及一种重要的教学形式。教师在这种活动中,通常是掌控节奏、规范任务、组织协调和语言提示。在每个组群中,由学生担任主持(召集人)或记录者。需要注意的是,要对活动结果进行一定程度的交流(口头的报告、比较、评估等)。

(六)复述与讲述法

复述与讲述法通常与听力理解训练进行有效结合,进行听后复述;也可以让学生将读到的材料内容用自己的语言将它讲出来。这种教学方法有利于培养学生对语言材料的组织能力和表达能力,有利于实现表达的流利性。由于复述是一个对材料进行重新编码的表达过程,因此不必追求表达过程中内容细节的完整和"原样",而应该侧重于整体的叙述逻辑和语句连接技巧。学生能用自己的话流畅地复述,比死记硬背要有难度。

如果是故事讲述,可以让学生自编自改一个不同的结局,有时能够有效调动学生的积极性和想象力。

(七)模拟法

模拟法是口语教学中采用最多的一种方法。它主要是让学生在模拟的现实社会场景中扮演不同类型的社会角色进行口头交际活动。在模拟活动中,学生通过扮演不同的社会角色,去揣摩和体会不同角色的社会意义,以及他们使用语言的特点。

在模拟之前,教师要先做些组织准备工作。例如,对模拟的场景、模拟的对象进行说明和介绍,并提出明确的任务要求,提供相关的语言结构和功能。模拟时教师要在旁边进行协助,及时提供咨询并记录错误,最后讲评。

模拟是要将课堂与社会联系起来,而现实生活中的模拟活动是非常常见的。

第三节　跨文化视角下的阅读教学

阅读教学对于学生吸收、理解汉语语言知识,提升听、说、读、写能力是非常有利的。正因为如此,阅读教学成为对外汉语教学的一个重要内容,贯穿于对外汉语学习的整个过程。

一、阅读教学的任务

阅读教学主要是引导学生进行对外汉语知识的学习与阅读技能的训练,具体说来,阅读教学的任务主要包括以下四方面。

(一)学习、巩固汉语知识

提供大量语篇,让学习者在语篇中学习语言知识,学习字、词、句、篇等语言知识是阅读课的一大特点。这些知识的学习,通常是在精读课、语法课中学过,但没有机会复习的。在阅读材料中,字、词、句不是孤立存在的,而是具有相应的语言环境。阅读教学对于学生语言知识的理解与掌握是十分有利的。

阅读教学在选择阅读材料时,需要注意以下几点:内容要比精读课容易,数量要比精读课多,选材讲究趣味性和实用性;生词量、语法难点要少,生词重复出现的频率高。这样有利于学习者在大量的阅读中提升语言能力。

（二）扩展学生的汉语词汇量

学生的词汇量对阅读理解有着重要的影响，词汇量的多少直接决定了阅读技能的高低。因此，阅读教学的一个重要任务就是扩充学生的汉语词汇量，具体而言，主要可采用以下方法。

第一，对阅读材料中的词汇进行周密的控制或安排，使学生能够接触目标词汇（生词）。

第二，通过设计生词表对部分目标词进行学习。例如，在阅读前向学生讲解。

第三，在部分目标词出现时，自然地向学生讲解其意思。

第四，部分目标词经过精心设计让学生利用各种线索猜测词义，教师最多辅助一点讲解。

第五，通过学习单词拼写规则、构词法或做词汇游戏等单独进行词汇教学。

词汇学习是阅读教学的核心内容，阅读教学中的词汇学习应是输入理解性的（接受性），而不是输出生成性的（使用性）。在阅读教学中，应将实词教学作为重点，并进行大量的多样化的训练。

（三）全面提高学生的汉语语言水平

阅读教学的一个主要任务就是对学生学过的字、词和语法进行巩固，并使其不断掌握一些新的字、词和语法，同时学习有关的文化知识。另外，阅读教学还应引导学生不断发现新的语言现象和文化现象。在阅读的过程中积累新的词语、语法和文化知识，在听、说、写的过程中进行运用，从而提高听、说、写的能力。由此可见，培养阅读能力有助于全面提高学生的语言水平。

（四）进行阅读技能训练

阅读技能训练是阅读教学的重要内容。阅读活动主要是为了理解语篇的意义，而理解意义的基础是对外汉语知识，理解意义的具体手段则是对外汉语的阅读技能。因此，提升学生的阅读技能是阅读教学的主要任务。

二、阅读教学的过程

从认知的角度出发,可以将具体的阅读教学过程分为以下几个不同的阶段。

(一)读前准备

读前准备主要是为了引入阅读主题,为主题内容的学习奠定基础,使学生大脑的"知识库"为理解阅读材料做好各方面准备。如果阅读主题涉及宏观的中国文化背景,那么在阅读之前就应该向学生介绍一些相应的文化背景知识,使其在阅读过程中不会摸不着头脑。

另外,阅读之前,引导学生对文体以及文体与社会语境的互动关系有所认识,也可帮助学生对阅读材料进行理解。

(二)任务布置

阅读教学通常具有明确的任务和目的,有经验的学生会根据阅读任务选择相应的阅读策略。教师在布置阅读任务时,可以让学生对所读的文章内容先进行一些预测。这种预测可以根据文章的标题、汉语篇章的结构方式、连贯方式,也可以根据学生对情节、情境的逻辑认识、逻辑关系等。

(三)实际阅读

实际阅读是学生对实际文本的阅读,对阅读材料的理解,并从中获取具体信息,完成相关阅读任务。在具体的阅读过程中,学生通常是带着阅读任务进行的。

(四)阅读目标监控

监控贯穿实际阅读过程的始终。一些学生在阅读过程中能够有意识地思考自己的理解是否有误,自己的方法是否有效等;

一旦发现问题,就会主动解决,并及时调整自己的阅读方式以达到阅读目的。而有些学生则无法有效监控自己的阅读过程,遇到困难时,只能叹息。因此,教师在阅读教学中应告诉学生如何有意识地注意自己的阅读行为,提高他们的自我监控意识。

(五)相关实践

阅读过程完成后,教师应让学生做相关的练习或完成相关的任务等实践活动,检查学生阅读理解情况。在这个阶段也可以让学生掌握阅读文本的细节,以加深其对文本的理解。同时,还可让学生利用阅读材料,来完成一些实践性的交际任务。

三、阅读教学中应注意的问题

在阅读教学具体实施过程中,为保证阅读教学的有效性,应注意以下两点问题。

(一)注意区分对外汉语阅读与汉语母语阅读训练

在阅读教学中应注意对外汉语阅读训练和汉语母语阅读训练的区分。这主要因为,近年来汉语母语阅读训练成果显著,这些成果不断引入对外汉语阅读训练中,但应注意到二者是不同的。汉语母语阅读训练的对象,不存在汉语言知识欠缺,他们只需学习阅读技巧。而对外汉语阅读训练应以汉语言知识学习为基础,如果没有逐渐积累增加的汉语言知识基础,阅读训练只能是空中楼阁。

(二)注意学生的阅读水平差异

阅读教学中的学生来源于各个国家,存在不同程度的差异,这些差异在听说等课上表现并不明显,但在阅读课上有着明显的区别。作为教师来说,在阅读教学中应充分考虑这一因素。

具体来说,可鼓励阅读基础差的学生多做课下功课,在预习、复习上下工夫,努力赶上其他学生。对学生的程度差异教师要了然于心,在课堂上把容易些的问题提给基础差的学生,让他们回答得上来,树立起自信心;把富有挑战性的问题给基础好的学生,不让他们感到无聊,保持学习的积极性。能够协调好各方关系,平衡课堂进度,满足不同学生的学习需求,是一个成熟教师的标志。

(三)注意了解影响学生阅读的因素

阅读是一个复杂的心理过程,包括词汇加工、句法分析与语义分析等。在阅读教学中,教师应注意了解影响学生阅读的因素,以此提高教学的有效性。具体而言,阅读教学中影响学生阅读的相关因素主要有以下几个。

1.语料难度因素

语料本身的难度是影响学生阅读理解的重要因素。如何根据学生水平限制阅读语料的难度,是我们在阅读教学中需要分析的一个重要方面。

2.试题难度因素

通常认为,作者态度在阅读理解中是最难把握的。但有学者从语用的角度对语言理解试题的难度进行了分级。由易到难的次序依次是显义、预设、寓意、命题态度。

3.猜词线索因素

猜词线索是影响学生阅读理解的重要因素,它的正确率是变化不定的,如果线索明显,则正确率较高,反之则难度较大,容易发生错误。

4.语篇理解因素

语篇理解因素在阅读教学中有着重要的影响。通常来说,语篇理解可大可小,有时测试对全文主要内容的理解,有时测试对复句或语段的理解,但都需要经过分析和归纳。

四、阅读技能训练

对阅读技能的训练主要可从以下几方面入手。

(一)对字词意思的猜测

1. 利用汉字造字法猜测字的意义

汉字是外国学生在阅读时首先会遇到的难点。汉字基本上是一种表意文字,汉语中的一个音节在书面上往往就是一个汉字。一般说来,一个汉字就代表了一个语素,如果一个词是由一个语素构成的,那么这个汉字也就代表了一个词;如果一个语素是由两个以上音节构成的,那么一个汉字就不代表一个语素,只代表一个音节(如"窈窕")。不过,这种情况在汉字中只占极少数。利用汉字本身的造字特点,我们可以训练学生猜测汉字的意思。

2. 利用合成词构词法猜测词的意思

汉语合成词的构成主要有两种方式:"一种是由词根和词缀或类词缀组合而成的,称为派生词;另一种是由词根和词根组合而成的,称为复合词。"[1]在教学中,应有意识地使学生了解和掌握合成词的构成方式,扩大其词汇量,进而在阅读时能够准确理解和猜测词义。例如,一些刚拿到驾照的新司机喜欢在车上贴上类似"新手上路,请多关照"之类的话。在这样一个特定环境中,如果学生知道"手"是表示"人"的后缀,他就有可能猜到"新手"就是"新司机"的意思。

如果学生在阅读时遇到的是复合词,他只认识其中的一个字,那么构词法的知识就有可能帮助他进行词义的猜测和理解。

---

[1] 陈昌来.对外汉语教学概论.上海:复旦大学出版社,2005:189.

例如"思想","思"就是"想"（联合式）；"选择","选"就是"择"。其他构词方式，如偏正式、述宾式、述补式、主谓式等也都有利用的价值。这种训练可以在阅读课上直接进行，也可以在与阅读相关的词汇或语法教学中进行。

另外，如果是缩略词语，可以利用语素扩展或还原的方式，也就是从已知的语素出发来"推导"出整个缩略词语的意思。例如，"彩电"——"彩色电视机"，"简介"——"简单介绍"。

3.利用语境来推测词语的意思

教师应指导学生利用上下文提供的线索来推测词语的大概意思。另外，利用词语的搭配关系也可以推测出不熟悉的词语的大致意思。

（二）对句子意思的理解

当遇到一个具有多重修饰成分的句子时，且修饰成分里有许多不熟悉的词语，就会影响到学生对全句主要意思的理解。因此，教师应教会学生对长句子进行压缩，抓住句子主干，化繁为简，使句子的脉络和关系显得更清晰，进而准确把握句子的意思。

（三）对段落内容和意义的理解

在对段落或篇章进行阅读时，有许多规律可循，教师应指导学生了解汉语篇章的结构，分析句子之间的逻辑关系等，进而跨越阅读的障碍。具体而言，在阅读教学中应注意训练学生以下几方面的能力。

第一，通过上下文来确定代词的先行词。对学习汉语的学生来说，一段话有时并不容易理解，是因为对句子中代词（指示代词、人称代词等）与先行词之间的指代关系不清楚，这就需要教师有针对性地训练学生对指代关系的理解。

第二，通过上下文补出缺省的成分。通常认为，一段话中，如果句子的必有成分，如主语、宾语等缺省，就会造成理解上的困难。教师应引导学生在阅读时从上下文中找回缺省的信息。

第三,通过上下文确定词语之间的替代关系。有时在一个语段里,同一个指称对象在前后句子里使用了不同的词语来指称。教师在阅读教学中要训练学生能熟练地在上下文中确认这种同指关系。

第四,利用关联词语、标点符号等形式标志来理解句子。在语篇中,句子与句子之间的各种逻辑关系常常通过关联词语表现出来,学生在理解时应抓住这样的关键线索。

第五,进行事件的推论性理解。当没有关联词语时,句子与句子之间的逻辑关系依然存在,这就需要教师帮助学生通过对事件的因果等关系的理解来提高预测和理解的能力。

(四)分析段落,找出主题(句)和要点

阅读有时并不是为了了解某个段落或某篇文章的细节,而只想知道作者的主要观点。就一个段落来说,作者的主要观点通常在段落的首句或尾句,其余的句子主要是用来说明主要观点或给出例证的。通过有针对性地训练学生找出主题句,抓住主要观点,可以有效提高他们的阅读速度。在阅读时,要告诉学生不要受到生词的阻碍,找到主题句即可。

(五)带着任务筛选信息

从阅读材料中寻找特定的资料和信息是日常阅读中非常常见的行为。在进行这种阅读教学时,首先要学生明确预定的任务,然后通过阅读去完成任务。跳跃性是其主要特点,在阅读过程中快速寻找关键词,没用的信息一带而过。

跳读是一种快速阅读。提高阅读速度是阅读教学的一个重要目标,因为速度也是衡量阅读质量的一个重要标志。影响阅读速度和准确性的因素很多,主要涉及阅读时间、阅读量、阅读材料的难易度、阅读内容的熟悉度,以及阅读策略等。教师应根据学生的汉语水平和不同的阅读目的对其进行有针对性的阅读技能训练。

第四节　跨文化视角下的写作教学

在听、说、读、写这四项最基本的语言技能中,写作是最让学生感到困难的。在对外汉语教学中,写作教学也逐步引起了教师的重视。下面对对外汉语写作教学相关内容进行具体分析。

一、写作教学的任务

在初级阶段,写作能力的训练主要是在汉语综合课(或读写课)上进行的,主要是使学生在会说的基础上,学会写出简单的句子,或连贯的一组句子,保证学生在书面表达中的正确性。在中高级阶段则单独进行写作教学。

(一)中级阶段

中级阶段写作教学主要是训练学生对已学过的汉字、词汇、语法、书写格式、标点符号等综合运用的能力,以及进行谋句成段和谋段成章的能力,书面表达从对正确性的追求开始过渡到对质量的追求。其教学活动主要是为了对学过的汉字、词汇、语法知识进行复习、巩固和实际运用,通过学习范文扩大词汇量,学习不同语境下的各种正确表达方式及一般的修辞技巧,学习正确使用中文标点符号,掌握中文的书写格式,培养、提高运用汉语进行书面表达的能力。

在教学上,要求通过学习范文,练习写作、讲评、改错、分析、归纳、总结等,在第一学期结束时,能在两小时之内按题目要求写出一篇 600 字以上的记叙文,并达到以下标准。

第一,语法正确,全篇语法错误不超过 5%。

第二,能正确使用虚词、句式、常用词组、成语,用词确切,错误率不超过 10%。

第三,正确、熟练地书写汉字,错字率不超过 5%。

第四,正确使用标点,熟练掌握书写格式。

第五,思路清晰,结构完整,条理清楚,表达明确,语言表达有变化。

第二学期结束时,在第一学期要求的基础上,语言运用要娴熟、流畅,词汇比较丰富,句式比较复杂,能使用一些修辞手法。

(二)高级阶段

高级写作教学主要是训练学生熟练写作各种文体的能力。写作训练既要注意语言运用的规范化,又要注意表达效果,即从写得"通不通"这一基本要求,过渡到写得是否得体。要继续克服母语的干扰,加强运用汉语的熟练度,扩大运用汉语思维的比例,进一步解决句子的连接、语意的照应、语气的配合等问题,熟悉并能运用各种文体和与之相适应的写作方法、语言风格,增强运用汉语交际的适应性,顺畅、得体地表达思想。教学上的具体要求主要有以下几点。

第一,能写出 1 000 字以上的议论文(读后感、观后感、评论、述评),做到表达思想准确,运用汉语比较熟练、简洁、生动。

第二,掌握说明文、议论文、学术论文的写法和语言风格。

第三,认识修辞的重要性,树立起修辞意识。

第四,掌握常用话题表述时汉语词语的习惯搭配与组合。

第五,掌握基本的写作知识并能应用一些常用写作技巧。

第六,了解学术论文的特点和基本类型、资料的收集与利用,以及撰写的程序与方法等。

二、写作教学的基本原则

在写作教学中,应遵循以下几点原则。

(一)学生中心原则

尊重学生中心性地位就需要以学生为中心安排教学活动,教师在课堂上要改变主导者的角色,努力使所有的写作活动成为一种协作性的学习过程,使每个学生都能够在写作中发挥自身的主观能动性。这就需要打破课上教师进行枯燥的讲解,唱独角戏,课后学生孤立无助地写作这一僵化模式,使学生由被动地接受知识转变为主动地学习。这不仅可以调动学生学习写作的积极性,而且还有助于激发学生的进行创新的积极性。

(二)综合性原则

写作教学的最终目的是为了培养学生使用汉语进行交际的能力。因此,它与听、说、读等其他技能是紧密相关的。在写作教学中,教师可以把写作活动与听、说、读活动综合起来,使其相互促进。

(三)正确对待母语写作和汉语写作

学生的母语写作能力和汉语写作能力一般来说是成正比的,即正迁移作用大于负迁移作用。学生在接受母语写作训练时所掌握的思维能力、表达能力是汉语写作能力的基础之一,能帮助学生解决构思、选材、谋篇布局等问题。教师应把握二者的共性,将学生的母语写作能力转移到汉语写作能力中来,集中解决语言运用问题。学生成熟的母语书面表达能力与欠缺的汉语运用能力之间的落差,也是学生学习的动力之一。

与此同时,教师还必须注意到学生母语写作对汉语写作的负迁移作用。不同的语言在表达方式上既有共性,又有区别。这些不同方面就会对汉语写作产生负面影响。教师要对二者的差别进行讲解,避免学生照搬母语表达习惯,而写出不符合汉语表达习惯的语句。总之,教师要认识到学生母语写作和汉语写作的共性和差异,找出影响的正负规律,进而保证汉语写作教学的有效性。

(四)课内外相结合

写作水平的提高不能仅仅依靠课堂写作来完成,因为课堂写作的时间是有限的。教师在课堂上应布置适当的写作任务让学生在课外进行练习。此外,还应让学生养成用汉语写日记的习惯,以此锻炼汉语思维能力和写作速度。在日记的写作里,学生可以写关于自己的个人生活,也可以谈论他们身边发生的事,甚至可以写世界大事评论。如果教师对他们的个人生活日记投入一定的关注,就会激发起学生进行书面表达的欲望,学生会立即反映在他们的下一篇日记里。这样教师和学生就有大量个人接触的时间,可通过他们的日记深入了解其内心世界、生活习惯等学习中的非智力因素,在教学时就可以有更好的针对性,做到因材施教。

三、写作教学的过程与方法

一般来说,写作教学可大体分为写前指导、写作训练和作文评改等阶段。

(一)写前指导

写前指导主要包括语言知识的指导和范文的导读,主要是为了通过指导激活学生已存储的语言知识,注意新旧知识的联系,让学生能够正确运用语言知识进行写作,为动笔练习做准备。其主要可运用以下几种方法。

1. 对比法

一般来说,教师可以通过将汉语写作与其他语言写作相比较的方法使学生容易理解,一般运用于应用文的写作中,容易引起学生的兴趣。

2. 引导法

教师可以采用一步步引导的方法使学生感悟、接受新知识。例如,教师可以先让学生写出自己的答案,然后再一步步分析其偏误,找出原因,加深学生印象等。

3. 例证法

例证式是用分析例文的方法来教授学生写作的技巧。一般讲解文章的结构或表现手法等特点,用例证的方法较直观,学生容易理解,需要教师选择一些优秀的例文。例如,教叙议结合的小议论文,可以选取两三篇结构相同的短文给学生阅读,然后让学生总结文章的结构特点或表现手法的特点。

4. 提问法

提问法是指用提问的方式引出所要讲解的内容,进行语言知识的指导。一般用提问的方法不会让学生对已知知识的重复感到枯燥。例如,在教授按照时间顺序记事的记叙文时,要复习时间词的使用,可以以提问的方式导入对时间词的讲解。

(二)写作训练

在进行写作技能训练时,最先开始进行的是基本技巧训练,使学生掌握最基本的字、词和语法的综合运用。这主要是为了引导学生进行组织汉语书面语言的尝试,为今后的写作训练和练习做好准备。关于写作训练会在下面进行具体论述,这里不再进行赘述。

(三)作文评改

作文评改主要是为了让学生对作文中出现的各种问题进行分析、讲解,通过信息的反馈,促使学生书面语的表达更加规范。作文评改的主要方法有以下几种。

1. 类比法

将主题相近的作文进行比较、分析,可以对外国学生之间的作文进行比较,也可以对外国学生和中国学生之间的作文进行比较。由于主题相近,类比更容易让学生发现自己作文的不足之处。

2.肯定法

在作文讲评中,教师对学生作文中运用得好的词语,表达得体的句子,通篇语句通顺的作文,或立意新颖的作文进行肯定、表扬。教学实践证明,肯定和表扬可以激发学生写作的热情,提高学生写作的兴趣,因此,肯定法是每次作文讲评都不可缺少的讲评方式。可以采取教师在黑板上板书作文中用得好的词语、句子,或请学生对写得好的语段或全文进行朗读,或将写得好的句子、语段或作文印发给学生等方法对学生进行鼓励。

3.归类法

对学生作文中的偏误进行归类讲评。因为写作是个体性行为,每个学生的作文中出现的偏误都不一样,归类讲评可以更有针对性地解决大部分学生存在的问题。归类可以依据语言划分,例如,以英语为母语的学生的问题,韩国或者日本学生存在的问题;也可以根据语言项目的教授中某一类突出的偏误进行讲解。为了让学生更好地发现并注意避免偏误,就要对某项偏误进行突出的讲解,而不是对学生原文进行照搬,教师有必要对学生作文进行有目的的修改——改正次要、零散的错误,只保留某项准备讲解的主要偏误,便于教学示范、讲解,也便于学生在吸收的基础上进行综合运用。

4.讨论法

教师挑选一篇有代表性的学生作文,印发给学生,让学生讨论该作文的优点与不足,应该如何进行修改。需要注意的是,对学生原文应该做一定的技术处理。例如,删掉作者的名字,对作文中出现的小偏误进行修改,将作文打印后发给学生。

5.互评法

学生之间互相评改作文。评改之前教师要将评改的项目,如:词语的运用、段与段之间的衔接、文章的开头和结尾等细列给学生,让学生有所依据地评改作文。学生在评改中有问题可以请教老师。然后,可以选择一两个学生,让他们在全班讲评。最后,老师对学生的讲评做小结。

6.启发法

教师只在学生的作文中应该修改的部分做相应的记号,而不直接给出修改的结果,让学生根据符号的提示进行重新思考,启发学生自己发现问题,进行准确表达。学生再将修正的结果给老师看,看有没有改对;如果学生仍不明白错误所在,可以直接向老师请教。老师再根据学生修改的情况,对疑难点在全班进行讲评。这种方式的讲评有利于强化学生语言运用的规范。

四、写作技能训练

(一)写作技能训练的内容

写作技能训练主要包括向学生传授写作知识、训练具体写作技能两方面。

1.传授写作知识

写作知识的学习主要包括对标点符号、书写格式、文体、修辞等语言知识,还包括叙述、描写、抒情、议论和说明等文章表达方式的学习。这些知识的获得,一方面要依赖于其他课程的学习和平时的积累,另一方面还要通过写作训练时教师的集中讲解。写作知识的学习不应占课时太多,主要是引导学生在旧知识的基础上建立新知识,为下一步的写作实践做必要的准备。

知识的学习还应注意实用性的问题。写作教学要教授学生一些在其他课上学不到的有关写作方面的知识,解决其他课型没有解决的问题:一方面是学习篇章写作知识、写作技能;另一方面通过文字的输出训练解决语言运用中的实际问题。因此,要注重词语、句式的语义解释和语用规律的归纳。

2. 训练具体写作技能

技能的训练主要包括以下几点。

第一，如何遣词造句表达某个既定的意思。

第二，根据表达功能的需要选取恰当句式。

第三，句群、语段的连贯和衔接。

第四，各种文体的习作。

第五，培养学习者具有借鉴和监控的能力。所谓借鉴是参考和运用母语的写作知识，模仿和运用目的语范文的写作方法。所谓监控，就是运用母语和目的语有关的语言知识和写作知识作为习作的规范，自觉地修改、润饰自己的作文。

语言技能的获得需要经过反复的练习。写是一种难度较高的技能，需要进行及时、不断、反复地练习。写作教学应本着讲练结合的原则，在课堂上练习写作。课堂上的写作练习要注意四个问题。

第一，写的内容要具体或者有直观性，不要让学生在写什么的问题上浪费时间。

第二，写的时间不宜太长，通常认为一次写作的时间以半小时左右为宜。一般写作教学每节课的时间是 2 个课时，花一节课的时间写作，学生会感到枯燥。

第三，课堂上写作应该及时讲评。及时的讲评能够有效激发学生写的兴趣，因为写作不仅仅是输出，也希望得到反馈信息的输入。

第四，课堂上的写作应与课后写作相联系。例如，课堂上写作是课后写作的一部分，学生会在课堂上受益匪浅，并运用于课外的写作之中。

训练学生的写作技能时，要遵循渐进性原则，即要对教学点进行细致的切分，考虑学习者的接受程度。对母语非汉语的学习者而言，用汉语写作将面临词汇、语法、汉语思维、文化差异等诸多问题，一下子输入过多的知识根本没法消化；一下子就写一篇文章，会出现不知从何下手或者有千言万语却语不成文的情况。

文章是由语段组成的，我们可以将语段看成是一篇小文章。引导学生学习范文时，可以根据需要只学习某一段或其中的几部分，练习写作时先写语段，再将语段进行扩展。

（二）写作技能训练的方式

1.基本技巧训练

在进行对外汉语写作技能训练时，首先要进行基本技巧训练，使学生掌握最基本的字、词和语法的综合运用。通常来说，对外汉语写作的基本技巧训练的方法有以下几种。

（1）听后写

听后写主要是教师或某一个学生讲或者读一段话或一篇短文，之后让学生将听到的内容写出来。之后，学生可以对照听的内容，检查自己写的情况。这里听写的主要是小的段落，主要是为了降低构思和组织语言的难度，帮助学生逐步建立起书面表达的习惯，有效促成学生从听说到读写能力的转化，使学生增加对汉语书面语的感受，了解汉语书面语的特点。

听写的内容可以由老师精心编写，也可以找一些文字上适合学生的段落。但是，教师应循序渐进地选择与学生水平相当的语料。开始时可能选择简短的对话，让学生以记叙体的方式写下来；还可读一些情节简单的故事，让学生复写下来。也可传达某人对某事的观点，让学生记写下来。由于有模仿的材料，学生可以马上动笔投入书面表达的过程中，也不致出现过多的表达错误。

（2）看后写

看后写就是借助于一些形象化的材料进行写作练习。这些材料可以是单张的照片、地图、数据表、漫画，也可以是多幅的画报乃至电视小品等。在写作前老师提出写作要求，让学生有重点地仔细观察,忠实描述。

（3）读后写

读后写就是通过阅读,参照范文的格式和结构,让学生进行模仿写作。具体来说可以有以下几种形式。

第一,续写。给学生一篇没有结局的故事,让学生发挥想象力和创造力写出结尾,然后将原文的结尾拿出来,让学生做对照,这种训练有利于发挥学生的想象力。

第二,缩写。缩写是将一个较长的文本压缩成一个较短的文本,教师可让学生根据阅读材料写摘要,或给一篇完整的文章归纳出提纲。一般来说,学生读的能力要领先于写的能力,缩写练习适应了学生的实际汉语水平,是一种较为适用的书面表达练习,其有利于培养学生在阅读的基础上对阅读的文本做出概括或写出大意的能力。

第三,扩写。扩写是将一个短的文本充实成一个长的文本,要求学生在不改变文章体裁和主题的前提下,对文本做出增补或延伸。例如,教师可以给学生一篇提纲,让学生去补充论据,完成一篇完整的论文;给学生一个摘要,要求学生将其扩充为一篇文章。

第四,改写。在读了一个文本之后,让学生用自己的语言对原文本进行整合或重组。改写的形式有很多种,可以改人称,把第一人称的故事或文章改为第三人称或相反;改时态,将过去时的故事改为现在时或相反;改文体,将对话改成叙述文,把剧本、相声等改成故事等。教师可以广泛搜集材料,设置多种多样的练习。与缩写和扩写相比,改写是一种相对自由的书面表达练习。

第五,译写。教师布置题目,学生可从自己熟知的母语资料中寻找相应素材,译成汉语。由于学生来自不同国家,同一个题目就会有不同的内容。要求学生上网或查阅图书资料,将母语资料翻译、整理成汉语报告。这种练习有利于让学生对母语和汉语进行对比分析,使学生对各国的情况有一个较为清楚的了解。

另外,"读后写"除了让学生模仿范文的格式和结构进行写作训练以外,还可以从内容入手。例如,让学生阅读一篇情景交融的范文,经过教师的讲解后,让学生自行创作。

（4）说后写

说后写就是先练习说,说完以后,将说过的话写下来。说话过程的语音语调可以不做要求,因为说是为写服务的。

像议论文的写作一样,论点一开始可能不是特别明确,论据可能不是特别充分,思路可能不是特别清晰,这都没关系。通过自己说,同学的提问,相互的讨论,就会使论点变得明确,论据充分,思路清晰。这种先说后写的方式能有效地缓解学生害怕写作的紧张情绪,说得越多,讨论得越充分,写的时候就越容易。教师需要监控学生说的内容,如果说的过程中有语病,先纠正,这样可以减少写的时候产生的错误。

2.语段写作训练

语段训练是提升写作技能的一个重要手段,其主要学习目的是了解和掌握汉语的语段类型、各种语段类型的基本结构方式、各种结构类型的常用结构词语、连贯方式和一些简单的修辞手段等。语段训练的方法主要有以下几种。

（1）根据主题句分述

主题句是一个语段的语义中心,它经常出现在段首,有时也出现在段尾,其他句子都围绕它展开,是这一句子的扩展。根据这一特点,我们可以给出一个主题句,由学生用几个句子分别阐述主题,发展成一个语段。由于分述主题的方法不同,因而形成不同的语段类型。语段的发展一般运用以下方法:列举、举例、对比、对照、定义、分类、时间和空间、描写、过程、因果、概括等,可以根据学生的实际水平和需要选择练习。

（2）划分语段

划分语段就是给学生一篇没分段的文章,让学生按逻辑和内容要求,把文章分成几个自然段落。具体练习时应该注意以下几个方面。

第一,在给一篇文章分段前,老师先大致对这类文章段落排列的规律进行讲解。

第二,不同体裁的文章,分段的依据有所不同,教师要分别进行各种文体的分段练习。

第三,教师应当注意把每一种文体中段落划分的典型文章交给学生,应当选择结构清楚的文章进行这种训练。

（3）总结语段的主题句

根据语段写主题句就是给学生一个语段,在写段落主题句的地方留空白,让学生根据所给语段的内容写出主题句。一般的议论文的语段都有一个主题句,主题句一般居于句首。语段的主题句是用来阐述文章主题的重要的句子。语段主题句以外的句子是用来阐述说明段落主题的。

（4）整理语段

整理语段就是给出几个句子,让学生进行重新排序组合,这主要是为了训练学生用汉语思维方式组织段落和文章的能力。学生可以按序号编排,也可以重抄。

（5）填关联词语

填关联词语就是将一个语段的一些关联词语略去,让学生填写,以训练他们对语段连贯性的把握。可以给出一个无关联词语的句子群,然后由学生根据句子之间的逻辑关系,添加关联词语,连接成一个逻辑清晰的段落。也可以给出关联词,让其填在相应的位置。例如,请把关联词语"更、从而、也、永远、因、迄今、甚至"填在恰当的括号位置上。

（6）改病段

改病段就是把学生习作中有毛病的语段拿出来让学生改正,老师加以指导,以收到举一反三的教学效果。当然,语段写作训练并不局限于这几种方式,可以根据教学实际恰当、灵活地加以安排。

3.语篇写作训练

语篇训练是写作技能训练的重要内容和方式,经过初级训练,对学生来说,已经能够准确写出单句甚至复句,但是一旦让他们连句成段、连段成篇,就容易出现问题。学生写出的语段、语篇往往只是单句的叠加,句子与句子之间、段落与段落之间缺乏必要的连接手段,常常出现语义不连贯,出现如指称偏误、连接成分误用、词汇、句型选择不当等失误。这就需要对学生进行相应的训练,语篇训练的方式有语句衔接训练和语义逻辑训练。

(1)语句衔接训练

语句衔接是篇章的一个重要特征,主要体现在篇章的表层结构上,一般通过使用照应、省略、替代等语法手段和关联词语等词汇手段来实现。

(2)语义逻辑训练

语义连贯也是篇章的一个重要特征,它存在于篇章的底层,一般通过逻辑推理来实现。作为一种分析型语言,汉语词语不同的排列顺序决定了其不同的句意表达;在篇章中,句子的排列顺序也会影响篇章的语义连贯,篇章不是句子杂乱无章的堆砌,而是围绕一定中心、遵循一定的规律组成的。

议论文中多采用逻辑关系结构全篇。根据文章的内容,可以表现出不同的逻辑关系。

叙述文中多采用时间顺序进行描写,记录生活,描述事件,介绍人物生平,讲述故事等。最简单的是顺叙,从前到后依序写来;如给自己写一个小传,可以用年代连接句子,陈述自己从小到大的经历等。

说明、描写文中多采用空间顺序,说明处所,介绍环境,描写景物等。空间顺序描写要对应有序,如前边写了上边,接下来要写下边,前边写了一个方向,接下来要有另一方向的描写与之呼应,不能杂乱、跳跃。

总之,不同的文体有着自己鲜明的结构特征,而一篇文章中也会用到多种逻辑顺序。在开始阶段,教师应该对学生进行有针对性的、单项的练习,并选择优秀的范文,从写的角度指导学生去阅读,训练学生各种写作技巧和方法。随着学生写作能力的不断提高,教师应该引导学生将各种写作手段融会贯通,稳步提高汉语写作水平。

参考文献

[1]祖晓梅.跨文化交际.北京:外语教学与研究出版社,2015

[2]杨恬.跨文化适应与对外汉语教学研究.成都:四川大学出版社,2015

[3]贾益民.世界华文教育年鉴(2013).北京:社会科学文献出版社,2014

[4]李英.现代汉语词汇答问.北京:北京大学出版社,2014

[5]张新明.简明对外汉语教学法.上海:学林出版社,2012

[6]刘珣.对外汉语教育学引论.北京:北京语言大学出版社,2012

[7]吴勇毅.对外汉语教学法.北京:商务印书馆,2012

[8]吴平.对外汉语教学中的文化词语.北京:世界图书出版公司北京公司,2012

[9]刘谦功.汉语国际教育导论.北京:世界图书出版公司北京公司,2012

[10]崔永华.对外汉语教学设计导论.北京:北京语言大学出版社,2011

[11]李建军,李贵苍.跨文化交际.武汉:武汉大学出版社,2011

[12]毕继万.跨文化交际与第二语言教学.北京:北京语言大学出版社,2011

[13]曲文军.中国传统文化与现代化.济南:山东人民出版社,2011

[14]赵金铭.对外汉语教学概论.北京:商务印书馆,2011

[15]万艺玲.汉语词汇教学.北京:北京语言大学出版社,2010

[16]严明.跨文化交际理论研究.哈尔滨:黑龙江大学出版社,2009

[17]姜丽萍.对外汉语教学论.北京:北京语言大学出版社,2009

[18]周小兵.对外汉语教学导论.北京:商务印书馆,2009

[19]程棠.对外汉语教学目的、原则、方法(第二版).北京:北京语言大学出版社,2008

[20]毛世桢.对外汉语语音教学.上海:华东师范大学出版社,2008

[21]崔永华.对外汉语教学设计导论.北京:北京语言大学出版社,2008

[22]陈枫.对外汉语教学法.北京:中华书局,2008

[23]胡文华.汉字与对外汉语教学.上海:学林出版社,2008

[24]高燕.对外汉语词汇教学.上海:华东师范大学出版社,2007

[25]钱玉莲.现代汉语词汇讲义.北京:北京大学出版社,2006

[26]李香平.汉字教学中的文字学.北京:语文出版社,2006

[27]李晓琪.对外汉语文化教学研究.北京:商务印书馆,2006

[28]孙德金.对外汉字教学研究.北京:商务印书馆,2006

[29]陈昌来.对外汉语教学概论.上海:复旦大学出版社,2005

[30]梁国楹.中国传统文化教程.济南:山东大学出版社,2005

[31]赵金铭.对外汉语教学概论.北京:商务印书馆,2004

[32]孟节省.西方文化漫谈.北京:红旗出版社,2000

[33]王新婷等.中国传统文化概论(第2版).北京:中国林业出版社,2004

[34]刘珣.对外汉语教育学引论.北京:北京语言大学出版

社,2000

[35]黄鹤.中国传统文化释要.广州:华南理工大学出版社,1999

[36]彭聃龄.汉语认知研究.济南:山东教育出版社,1997

[37]崔永华,杨寄洲.对外汉语课堂教学技巧.北京:北京语言大学出版社,1997

[38]朱川.外国学生汉语语音学习对策.北京:语文出版社,1997

[39][德]洪堡特著,姚小平译.论人类语言结构的差异及其对人类精神发展的影响.北京:商务印书馆,1997

[40]伍铁平.普通语言学纲要.北京:高等教育出版社,1993

[41]中国大百科全书《心理学》编辑委员会.中国大百科全书·心理学.北京:中国大百科全书出版社,1991

[42]中国大百科全书《语言文字》编辑委员会.中国大百科全书·语言文字.北京:中国大百科全书出版社,1991

[43]盛炎.语言教学原理.重庆:重庆出版社,1990

[44]王培光.中学中文教学论集(增订本).香港:香港中国语文学会,1988

[45][美]F. Plog & D. Bates 著,吴爱明等译.文化演进与人类行为.沈阳:辽宁人民出版社,1988

[46][美]罗勃特·W·布莱尔编著,许毅译.外语教学新方法.北京:北京语言学院出版社,1987

[47]桂诗春.心理语言学.上海:上海外语教育出版社,1985

[48][英]S·皮特·科德著,上海外国语学院外国语言文学研究所译.应用语言学导论.上海:上海外语教育出版社,1983

[49]赵元任.语言问题.北京:商务印书馆,1980

[50]王建勤."一带一路"与汉语传播:历史思考、现实机遇与战略规划.语言战略研究,2016(2)

[51]王祖嫘,吴应辉.汉语国际传播发展报告(2011—2014).新疆师范大学学报(哲学社会科学版),2015(4)

[52]龚辰.非汉字圈外国学生汉字偏误分析.现代语文(学术综合版),2014(4)

[53]郑华.新公共外交内涵对中国公共外交的启示.世界经济与政治,2011(4)

[54]武欢,王建香.中西文化差异对英汉词汇的影响.中国科技信息,2009(18)

[55]郭圣林.汉字的笔画特点与外国学生汉字笔画偏误.暨南大学华文学院学报,2008(4)

[56]刘居红.对外国学生汉字书写偏误的分析——兼谈汉字教学.喀什师范学院学报,2008(2)

[57]曹成龙.谈对外汉语教学中的语序教学.云南师范大学学报(对外汉语教学与研究版),2007(1)

[58]冯丽萍.中级汉语水平外国学生的中文词汇识别规律分析.暨南大学华文学院学报,2003(3)

[59]肖奚强.外国学生汉字偏误分析.世界汉语教学,2002(2)

[60]陆俭明.汉语言文字应用面面观.语言文字应用,2000(2)

[61]施家炜.外国留学生22类现代汉语句式的习得顺序研究.世界话语教学,1998(4)

[62]吕必松.汉语研究与汉语教学.世界汉语教学,1991(4)